公共图书馆微博服务研究

于 青 编著

东南大学出版社
SOUTHEAST UNIVERSITY PRESS
·南京·

图书在版编目（CIP）数据

公共图书馆微博服务研究 / 于青编著. -- 南京：东南大学出版社，2014.10

ISBN 978-7-5641-5315-1

I. ①公… II. ①于… III. ①公共图书馆－图书馆服务－研究－中国 IV. ① G259.252

中国版本图书馆 CIP 数据核字（2014）第 263393 号

公共图书馆微博服务研究

编 著 者	于　　青
出版发行	东南大学出版社
社　　址	南京市四牌楼2号（邮编：210096）
出 版 人	江建中
责任编辑	唐　允
印　　刷	虎彩印艺股份有限公司
开　　本	880mm×1230mm　1/32
印　　张	4.5
字　　数	90千字
版　　次	2014年10月第1版
印　　次	2014年10月第1次印刷
书　　号	ISBN 978-7-5641-5315-1
定　　价	28.00元

目　录

第一章　绪论

2011年，随着微博的普及，中国微博用户规模迅速增长。据《中国互联网络发展状况统计报告》称，截止到2013年12月，中国网民数量6.18亿。手机网民规模达5亿，占网民总数81%。2013年微博活跃用户数量为3.55亿人，微博已成为一种基于公众参与的社情民意表达、信息交流与沟通平台。

一、微博概念

微博，即微博客。目前，学界对微博的定义没有统一表述，在对微博进行概念界定时，大多数学者引用的是百度百科和维基百科对微博的界定。

《社会媒体营销宝典》作者对微博的定义是："一种社会网络服务，它使用户能够发送和接受简短的、基于文字的、微型发布的即时消息。"

《微博达人成长记》的作者对微博的定义是："一种用关注机制分享简短实时信息的广播式的社交网络平台。"

"百度百科"对微博的定义是："微博"（Weibo），微型博客（MicroBlog）的简称，即一句话博客，是一个基于用户关

系信息分享、传播以及获取的平台。用户可以通过 WEB、WAP 等各种客户端组建个人社区，以 140 字的文字更新信息，并实现即时分享。”

“维基百科”对微博的定义是：“微博客（MicroBlog）是一种允许用户及时更新简短文本，并可以公开发布的博客形式。它允许任何人阅读或者只能由用户选择的群组阅读。这些消息可以被很多方式传送，包括短信、即时消息软件、电子邮件或网页。一些微博也可以发布多媒体，如图片或影音剪辑和出版。”

二、微博的特点

微博兼具媒体和社交功能，实现了多种传播终端和发布方式的创新整合，微博用户可以通过互联网、客户端、手机短信、WAP 等多种手段发布信息和接收信息，具有以下六大特点：

1. 简短式信息

由于微博最多为 140 个字符，这就使得微博内容简短精炼，简单的只需要只字片语；表述随意，一个表情符号就能成为微博内容。用户可以随时发布想说的话，微博表达方式轻松、幽默和客观，内容涵盖行业范围广，微博信息量巨大，原创性高。

2. 平等式交流

微博用户的背景各有不同，但在微博上大家都是平等的，你

可以关注名人、偶像并可以看到他们的微博，还能与他们互动交流。微博设置了评论、回复、对话、私信等互动功能，促进了用户之间平等对话与交流。

3. 裂变式传播

某博主发布微博，粉丝的页面马上显示该微博内容，如果微博有亮点或有价值，马上会有人将其转发。微博传播方式是一种无核的裂变传播，也有人称之为“病毒传播”。它的传播路径主要有两个：一是“粉丝路径”，即通过博主的粉丝直接传播；二是“转发路径”，即以转发的形式传播到粉丝的粉丝那里，经过多次转发，微博就在很短的时间内实现了极速传播。

我们经常看到，一些重要的、新鲜的或独特的信息在微博上传播速度非常快，让人们感觉到微博的传播力——“微力无边”。

4. 碎片式呈现

所谓“碎片化”原意为完整的东西破成诸多零块。由于微博信息简短，表达随意化和情绪化，内容呈现出很强的碎片化。正因如此，人们可以更好地利用碎片时间（上下班路上、工作间歇时间等）发微博，看别人的微博或参与话题的讨论等。

5. 即时性搜索

微博用户可以随意发布信息，也可以随时搜索所有用户发布的微博。微博即时搜索可以容易搜索到两类信息：一类是用户，

一类是微博信息。通过关键词查找用户、微博，然后查看、关注、评论或转发。

6. 开放式讨论

微博的开放性体现在两个方面：一是任何人可以申请注册为微博用户，注册没有限制。二是言论相对开放，在微博上发表言论比较随意，可以充分表现自己。另外，微博平台提供“微博群”的功能，其主要功能是为了让一些有相同需求的用户发布一些不想让外部看到的信息。

三、微博功能

1. 发布功能。

发布是微博的基本功能之一，用户可以用电脑、关联博客、手机客户端等多种方式发布微博。用户可以发布 140 字以内的微博信息，同时可以插入表情、图片、视频等多媒体，丰富微博信息的多样性。发布的微博大概分为两类：一类是发布原创微博信息，另一种是通过转发他人的微博而发布一条新微博。

2. 转发功能。

用户可以通过“转发”的形式把自己喜欢的内容转发到自己的微博，转发时还可以写 140 个字符以内的评论，同时也可以只转发不写评论。在转发时，还能以评论的方式发布到对方的信息

里。2011年4月，新浪增加了“转发到私信”功能，可以将看到的任何信息，通过私信形式转发给他人。另外，除可以转发别人的微博外，也可以转发自己的微博。

3. 关注功能。

在微博中可以通过“加关注”功能实现对某一用户的持续关注。这种单向的、不需对方确认的“围观形式”，用户只要有兴趣有需求，就可以关注对方。加关注后系统会将该网友所发布的微博内容订阅到你的微博首页中。关注的人数越多，获取的信息量就越大。

微博中有三种关注状态：关注、互相关注、悄悄关注。关注是一般的关注形式，是单向的；互相关注即博主关注了对方，同时对方也关注博主；悄悄关注是不被对方知道的关注。

4. 评论功能。

用户可以对任何一条微博进行评论，发表自己的观点看法。微博有两种评论模式，可以直接在对方信息下进行评论，也可以勾选“同时转发到我的微博”。在微博首页上，点击右侧边栏“我的评论”，则可以查看“收到的评论”以及已经“发出的评论”，也可以删除他人给自己的微博的评论。在微博中还可以设置评论权限，若将评论权限设置为“我关注的人”，这样只有自己关注的人才能给予评论，也就是通常所说的“关闭评论”功能，这种做法在某种程度上使微博丧失了互动功能。因此，评论功能保证

了信息的双向流动。

5.@ 功能。

在微博中表示“向某某人说”，利用 @ 功能可以将想传达的信息公开发布给指定的人，用户在转发一条信息时若在评论中添加“@ 某某”，被 @ 用户则可在右侧菜单中“@ 提到我的”一栏中点击查看。@ 功能也是微博中应用较广的功能。

6. 私信功能。

用户可以通过私信功能实现私密的交流，在信中的交流内容不会被其他网友发现。并且私信不受微博 140 字的限制，能够使网友之间更充分地沟通和交流。目前，以新浪微博为例，允许用户发送长度不超过 300 字符的私信。给他人发私信，可以通过三种方式实现：第一种，直接进入该用户界面，点击头像区域“发私信”按钮可以直接发送，不需要输入对方的微博名称。第二种，进入微博首页，点击左上角“私信”功能，进入新浪微博私信界面，点击“发私信”，输入对方微博名称，即可发私信。第三种，转发微博时，勾选“转发到私信”，可以通过私信的形式推荐一条微博信息给对方。但你只能给私信功能开放的用户和你所关注的用户发私信。

7. 收藏功能。

收藏是指将他人或自己的某一条微博内容收录下来，除本人

外，他人无法看到，是一种偏向个人化的微博功能。在每条微博的右下角都有“收藏”按钮，点击之后便完成收藏。在收藏信息时，可以添加标签，便于查找。若想查看收藏的内容，点击微博首页左边栏目中的“我的收藏”即可查看，以往收藏的每一条微博的作者、内容、发布时间、当前的转发量和评论量以及收藏时间，都可查看到。

此外，微博还有搜索、标签、应用、投票、微群、话题、微门户、赞等各种功能，并且还在不断丰富化、多样化之中。

四、微博与其他社交媒体的区别

微博与博客、即时通讯工具和社交网络等媒体的区别明显。

1. 微博与博客的区别

微博长度有严格的限制（140字），简短；博客没有字数限制，通常可以长达千字、万字，发布内容更为详细，博文更有深度。有些用户把自己博文进行缩写精简，在微博上发布并加上博客链接地址，通过链接阅读全文；一些微博平台将博客与微博两个模块连通，若有评论，同时出现在两个平台的评论区域。

2. 微博与即时通信的区别

即时通信工具如QQ、MSN等默认的是两个用户间的单独交流；而微博则是默认的公开群聊，具有开放性。即时通信工具聊天通常是圈子里的人群，具有相对的封闭性。

另外，即时通信工具无转发和评论的功能，微博存在原帖的转发和评论；还有好友关注方式不同，微博可以单项关注，即时通信工具是双向关注。

3. 微博与社交网站的区别

社交网站功能比微博更多，社交网站有日志、相册、投票、读书和小游戏等，内容更丰富；而微博以短消息为主。同样，社交网络好友的关注方式也是双向的，其话题讨论也具有相对的封闭性。

微博用户的平均年龄大于即时通信和社交网站上用户的平均年龄，微博用户来自各行各业，微博上的社交圈子更广。

第二章　微博的发展

一、微博的产生与发展

微博诞生于美国，最早的微博网站是美国的推特 (Twitter)。2006 年，博客技术先驱 blogger 创始人埃文· 威廉姆斯 (EvanWilliams) 创建的新兴公司 Obvious 推出了 Twitter 服务。在最初阶段，这项服务只是用于向好友的手机发送文本信息。2006 年底，Obvious 对服务进行了升级，用户无需输入自己的手机号码，而可以通过即时信息服务和个性化 Twitter 网站接收和发送信息。推特的主要用途就是满足人们的表达愿望和分享愿望。人们用简单的几句话（一般限制为 140 字），可以将自己的所思所想、所见所闻在网上与其他人分享，“加关注”的朋友们即成为关注者或称为“粉丝”，可以随时了解被关注者的生活和思想动态。独特的发展理念使推特 (Twitter) 创造了一个互联网发展史上的奇迹，截至 2014 年 2 月 Twitter 累计注册用户超 10 亿。推特 (Twitter) 不仅在私人领域流行，而且在政治领域和商业领域也颇受欢迎，很多国际知名人士和组织在推特 (Twitter) 上与用户进行交互推特 (Twitter) 的良好发展态势引来了众多的模仿

者，如美国的 Jaiku、MySay、identi.ca 等，据 iResearch 统计数据显示，以推特（Twitter）为代表的微博服务自推出以来在覆盖人数、用户访问次数、用户浏览页面及用户有效浏览时间方面均保持了高速的增长。

二、我国微博发展的历史沿革

微博服务在国外的超速发展也引起了国内互联网界的极大关注。在国内，微博的发展最早可追溯到 2007 年的饭否网，但微博当时在中国并没有被网民认可。直至 2009 年 7 月份新浪网推出新浪微博，微博在中国才开始让网民真正关注于微博的应用与发展。而如今，微博正在推动人与信息的融合，加速了网络的社会化进程。微博给中国的网民带来更多便捷的时候，也成为了一个大家依赖且不可或缺的新信息平台。

北京的慧典市场研究将我国微博的发展分为引入期、沉寂期、成长期三个阶段，学者魏建波根据产品生命周期的概念，从微博用户数的角度出发，将我国的微博发展分为潜伏导入期、快速增长期、成长期和衰退期。结合我国微博运营商和微博用户数的发展状况，微博在中国的发展可以分为：引入期、成长期，发展期三个阶段。

第一阶段：引入期（2007 年 5 月 —2009 年 8 月）

2007 年 5 月到 2009 年 8 月，我国微博处于引入发展期。在

此阶段，微博以独立微博网站为主体。2006 年，Twitter 的横空出世把世人引进了一个叫“微博”的世界。国内企业家纷纷开始竞相模仿在国外大红大紫的 Twitter。

2007 年 5 月，从校内网起家的王兴建立了饭否网，开启了中国的微博时代。

据称“饭否”一词引自南宋辛弃疾《永遇乐·京口北固亭怀古》中的名句：“廉颇老矣，尚能饭否？”“饭否”类似于 Twitter，是中国大陆地区第一个提供微型博客服务的网站，用户可以通过网页、WAP 页面、手机短信 / 彩信、IM 软件（包括 QQ、MSN 和上百种 API 应用在自己的饭否页面上发布消息（限定 140 字以内）或上传图片。用户间通过互相关注、私信、或 @ 对话等方式互动。

随后，做啥网、忙否网、聚友网 9911、大围脖等中文微博网站相继上线。2007 年 8 月 13 日，中国最大的网络社区平台，拥有 4.1 亿用户的腾讯也推出了腾讯滔滔。有报道称，同期曾有超过 30 家网站在运营微博相关产品。然而，这一阶段的微博发展体现的普遍特点是：虽然发展速度快，模式完全照搬 Twitter，各运营商大同小异，网民仍停留在对 QQ、校内网、开心网的依赖，微博用户规模小。

第二阶段：成长期（2009 年 8 月—2010 年 4 月）

2009 年 8 月到 2010 年 4 月，是我国微博发展的成长期。发展初期的一些独立微博网站暴露出管理问题。2009 年 7 月，饭否

网和叽歪网因为内容监管不力，相继被封停。此时，门户网站纷纷开发微博产品。随着新浪、网易、腾讯、搜狐四大门户网站纷纷推出微博服务，我国微博的发展进入到成长期。

2009 年 8 月 14 日，新浪微博上线，并迅速成为了我国用户数最多、最引人关注的微博产品。新浪微博在最初的推广时期，邀请明星和名人加入开设自己的微博，并且对他们进行实名认证，认证之后的用户在用户名后加一个字母“V”，以区别于其他普通用户。通过强大的名人效应，吸引了无数粉丝的追捧和跟随。“名人策略”在新浪微博的用户数的成长中起到了积极的作用。

2009 年 12 月 14 日，搜狐微博上线。搜狐在娱乐、体育等行业积累的名人资源丰富，同样采取名人微博的策略，确立自己的地位，成为互联网三大微博网站中最独特的微博网站之一。独特性表现在其功能上，例如字数不受限制，和搜狐博客、视频、相册、圈子进行深度整合。2012 年，搜狐微博再次改版，在微博的左侧显示图片和视频资料，使图片和视频资料更加突出，搜狐微博向轻博客的方向发展。

2010 年 4 月 1 日，腾讯微博上线。由于拥有超过 5 亿 QQ 用户，2 亿多活跃用户，因此，腾讯微博一上线，就呈现快速发展的态势，成为微博巨头之一。腾讯把微博与 QQ 无缝对接，QQ 用户只需开通微博，系统会自动提示你的哪些 QQ 好友开通了微博，是否收听他们。读写微博全部可以在 QQ 面板上完成，无需另外登录。如此便捷的功能，在短短的 4 个月内，腾讯微博的注册用户就达到了 5000 万人。而相比之下，微博鼻祖 Twitter 和新浪微博达到 5000 万用户却花了 3 年和 14 个月。

腾讯重视草根用户的发展。微博作为一个重要的宣传推广渠道，个人和企业可以通过腾讯微博进行推广，迅速地提高知名度。

第三阶段：发展创新期(2010 年 5 月至今)

2010 年 5 月至今，我国的微博正处于发展创新期。在这一阶段，微博用户快速增长的同时，微博对社会的影响力越来越大，如微博问政等。我国微博向着工具化、细分化、开放化这三方向发展。第一，微博工具化。我国微博已成为门户网站吸引用户、增加用户黏性的重要手段。第二，微博细分化。我国微博市场的竞争日益激烈，主要由新浪微博、腾讯微博、搜狐微博占据了微博的大部分市场，其他微博服务商难以在全面竞争中取胜。于是，微博服务商结合自身资源条件，对微博网站进行了专业细分，如和讯网推出的财经微博，搜房网推出的房地产专业微博等。微博发展呈现出由大而全到小而精，由全民聚合到深化分流的特征，是微博应用进化与成熟的标志。第三，微博开放化。我国微博的发展已经从自身纵向的发展，转化为横向的延伸，微博与桌面客户端和移动客户端进行更加深度的融合，成为孕育各种 App 的最佳平台。同时，微博与 SNS、新闻网站等实现了同步互通。

第三章　微博在图书馆的应用

一、图书馆微博

图书馆微博是建立在一般微博平台上的特殊账号，是一种新型的网络服务形式。

1. 图书馆微博概念

“图书馆微博”中的“图书馆”，并非狭义的“公立图书馆”，而是所有类型图书馆的统称，包括民间图书馆、私立图书馆等。目前，图书馆微博并没有明确定义。从严格意义上讲，图书馆微博是各类型图书馆和图书馆工作人员以真实身份和信息在微博网站上注册的微博账号，并通过了微博网站官方认证。图书馆充分利用微博这一新媒体传播平台，实现图书馆文化资源的个性化宣传，进一步扩大网络服务的覆盖面，提高了图书馆文化传播品牌知名度，打造科学、理性、权威公信又具亲和力的图书馆形象。

图书馆微博分为三大类：官方微博、部门微博和馆员微博。

2. 图书馆微博与其他微博的区别

不同微博之间并无太大差别，鉴于图书馆微博主体性，与其

他微博相比具有鲜明的特性。

⑴权威性。信息发布主体是图书馆官方，与图书馆网站相比，图书馆微博具有简单、快捷的特点，在第一时间发布权威、准确的消息，服务读者。

⑵公共性。图书馆微博的功能体现在公共服务方面。图书馆作为公共文化服务的提供者，通过微博平台与网民进行交流与沟通，征集网民对服务的建议和意见，不断完善与构建公共文化服务网络，提高公共图书馆的服务效能，更好地履行图书馆公共服务职能。

⑶服务性。图书馆是公共文化服务的重要窗口，开展阅读推广、新书推荐、信息咨询、文献提供等服务，通过微博宣传、营销图书馆，打造服务品牌，提高图书馆的社会影响力。

3. 图书馆微博服务内容

图书馆作为服务机构，通过微博平台使传统服务得到延伸，服务内容更为丰富，服务更为高效、便捷，微博提升了图书馆的服务能力。图书馆微博发布的内容主要有以下几个方面：

4. 书目推荐

书目推荐是图书馆服务的主要内容之一。图书馆利用微博服务平台开展这项服务极大方便了读者获取图书信息。图书推荐有以下几种方式：

(1) 好书推荐。向读者推荐具有较高文学价值或较高学术价值的图书，增加读者对图书的全面了解，重点推荐经典名著，提

高读者阅读品味，满足读者的阅读需求。

@国图少儿馆

发表了博文 《国家图书馆少年儿童馆编制《绘本100》书目》 - 配合"2014全国少年儿童绘本阅读年"活动，国家图书馆少年儿童馆编制了《绘本100——2014全国少年儿童绘本阅读年指导书目》。这是我国 国家图书馆少年儿...

4月23日 09:20 来自新浪博客 (85) | 转发(1720) | 收藏 | 评论(137)

@首都图书馆

#阅读最美昆虫记#菜粉蝶就是俗称的菜青虫，买回家的白菜、油菜、甘蓝叶子上的小洞洞可能就是它们饱餐后的结果。别小看这胖胖的、丑丑的肉虫虫，经过努力，总有一天破茧成蝶，成为美美的蝴蝶。快来认识这奇妙的小昆虫吧！转发本条微博，并@2位您的好友，就有机会免费获得《最美的法布尔昆虫记》试读本！

2012-5-21 15:52 来自专业版微博 | 转发(12) | 收藏 | 评论(11)

（2）新书推荐。将新到图书馆的书推荐给读者，对图书内容作简要介绍，并配封面图片，还有该书详细信息的链接。

@国家图书馆

#书刊介绍#《1989-1994文学回忆录》：木心讲述；陈丹青笔录。1989年至1994年，木心先生在纽约为一群中国艺术家讲述"世界文学史"，为期五年，留有完整的讲义。本书从古代至二十世纪、从西方到东方，拢聚文学花果，是开启世界文学之门的叩门砖，是航向世界文学的引路灯塔。（ISBN：9787549530816）

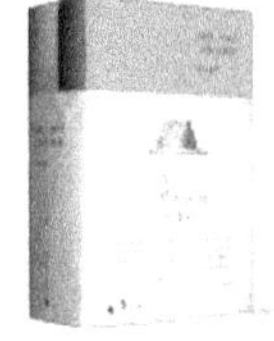

8月16日 10:00 来自微博 weibo.com　　(5) | 转发(10) | 收藏 | 评论(3)

@上海图书馆信使

#新书到#《两个故宫的离合》；著者@野岛刚；@上海译文；2014； 世界上有两个博物馆，都称自己为"故宫博物院"而不惮于异国人的混淆。由于战争和政治原因被分割成两个的故宫博物院，一个在北京，一个在台北。它们曾经水火不容，而今却渐渐地在彼此靠近。馆藏链接：http://t.cn/RvJCl4E

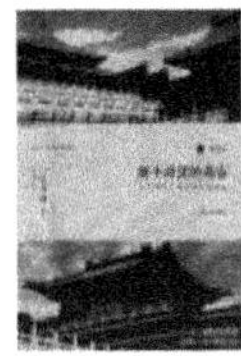

6月16日 10:02 来自上海图书馆信使-皮皮 | 举报　　(2) | 转发(10) | 收藏 | 评论(2)

@国图少儿馆

置顶 新学期开学啦~希望小朋友们好好学习，课余时间别忘了来少儿馆呀~！

@国图少儿馆

开学的季节，幼儿园的小朋友们有入学困惑吗？快来看看少儿馆的工作人员为大家推荐的入学绘本吧

2013-9-13 15:43 来自专业版微博 (1) | 转发(29) | 评论(2)

今天 12:50 来自专业版微博 (3) | 转发(4) | 收藏 | 评论

（3）读者荐书。分两种情况：一是图书馆缺藏，读者建议购买图书；二是读者阅读之后推荐给其他人分享阅读。推荐图书通常提供书名、著作者、内容简介及微书评等信息。

@深圳图书馆

#深图回应#这套丛书很不错，我馆每一册的复本都不少，但外借量也很高。部分册次感觉不好借到可能是因为多数复本在各个自助图书馆内。可以凭我馆读者证到其它公共图书馆或者自助图书馆借出。实在不方便就登录深圳文献港http://t.cn/hrQTAO 通过"文献传递"获取原文吧。

@妙妙528

《罗马人的故事》这套书今年已经读了6本，都是从@深圳图书馆 借的，但真心非常难借到，都是通过预借或一开馆就进馆才能抢到！全套15本有几本长期缺货，不能多补几本吗？今天总算抢到恺撒时代（下）！

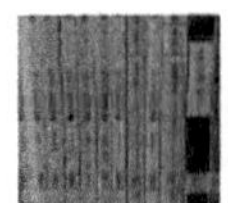

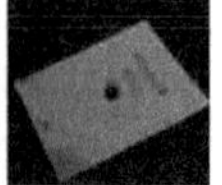

7月15日 09:52 来自中国移动定制终端 (1) | 转发 | 评论

7月17日 10:41 来自微博搜索 | 转发(2) | 收藏 | 评论

@山东省图书馆

为了引导更多的读者体验阅读的快乐，我馆举办“阅读照亮梦想”有奖荐书活动。选取一本您最喜爱、对您最有影响的图书推荐给其他读者，分享您的阅读感悟。

lucy的秋天：@类似柠檬 @红肚肚 @小振nerazzurri 《绿山墙的安妮》（加拿大儿童文学名著 作者露西•蒙哥玛利）最初读到这部作品，我已走出童年，可是安妮坚强乐观的形象仍深深地打动我，马克吐温曾高度评价这部作品，每年都有数以万计的各国游客慕名前往加拿大爱德华王子岛探访安妮的足迹 (2013-12-14 19:08)

回复

琳家_baby：我推荐《平凡的世界》@山东省图书馆官方微博 很喜欢这本书，就如它的名字一样，这是一个平凡的世界。几十年的时光，在路遥笔下铺展开来，没有一点为了作品而作品的嫌疑，给我们展示了一副普通而又内蕴丰富的生活图景。@宫形圈 @山东董靖 @忘不记1234 (2013-12-14 16:37)

回复

hellokitty3977：我推荐的书籍是《父与子》系列，大朋友、小朋友都喜欢看噢！@爱d琴弦 @挂面先生 @乐乐0217 (2013-12-14 14:47)

回复

闹闹2008：我推荐的是《教子有方》书上的经典故事使我受益匪浅，如何树立正确的教子观念，值得家长们学习！！@山东省图书馆官方微博 @小小帅哥我很帅 @相思瓶oo0 @小硕硕de幸福 @猪baby2007 @阳光v-ivien369 (2013-12-14 13:56)

小路通幽的美好生活：推荐《亲爱的安德烈》，龙应台与安德烈母子以书信形式互相探讨了解，既是中西方文化，同时也是两代人思想的相遇，很多经典语句，值得一看@一尘逸瑕 @窗边的张火火 @喜之郎_ (2013-12-17 14:41)

回复

同學_我大四了：推荐《大秦帝国》。关于秦始皇这个人物历史评价，两千多年来，贬者多，褒者少，而该书客观地论证历史人物的功过，揭露了帝王性格残暴一面，又对治国方略、军事才能和善用贤才能够驾御历史潮流等方面做了充分的描绘和介紹，值得一看。@啊辉_66835 @白羊独角白马 @追梦的小鱼99 (2013-12-17 12:37)

回复

服之无斁：推荐《诗经》（上古的程俊英版比中华书局的周振甫版要好），可以兴,可以观,可以群,可以怨。迩之事父,远之事君,多识于鸟兽草木之名。@选择流浪吧 @老衲在飛 @济南公安 (2013-12-17 10:34)

回复

5. 咨询服务

咨询服务是图书馆的主要工作之一，随着微博服务的出现，图书馆传统咨询服务方式受到一定影响，网上咨询的数量明显下降，微博咨询数量呈现快速增长趋势。微博咨询服务主要有三种方式：第一是通过微博即时聊天窗口与读者进行交流；第二是通过微博留言，读者可以编辑文字或图片进行咨询；第三是在发布问题时 @ 图书馆，工作人员通过 @ 的信息提示，能看到读者发布的信息。目前，读者咨询问题集中在以下几个方面：

第一，常规咨询。主要是读者使用图书馆中遇到的问题，参加活动有什么要求，如何办证、听讲座等。

嘉兴市图书馆 V

回复@Miss稻香小麦:是的。区别是市民卡是无需押金的，而借书证是需要押金的。嘉兴市图书馆 //@Miss稻香小麦:请问借书证的功能跟开通市民卡借书功能一样吗？ //@嘉兴市图书馆:亲爱的读者，谢谢您对图书馆的支持，欢迎您的光临，愿图书馆成为广大市民的第二起居室，生活的第三空间，增长知识与智慧的殿堂

> **@阿鲶阿鲶**
>
> 市区图书馆一如既往的赞。三楼大厅冷气再足点就更棒了（☆_☆）@嘉兴市图书馆
>
> 7月20日 12:48 来自ZTE中兴智能手机 (2) | 转发(3) | 评论(6)

52分钟前 来自微博 weibo.com | 转发 | 收藏 | 评论

第二，文献咨询。查阅文献需要什么手续，图书到哪里去查阅，如何获取原文等。

#深图回应#深圳图书馆有多本该书的纸本馆藏可供借阅，深圳的其它图书馆也有。如果实在找不到，我馆网站还提供方正电子书的馆外访问，可以找到该书的电子版：http://t.cn/RvS5eE4

@晓露朝着希望冲啊

《恋情的终结》（英）格雷厄姆·格林 The End of The Affair，by Graham Greene.找了这本书好多遍，网上书城、深圳图书馆、深圳书城找遍了都没有[折磨]，哪位好心人士能帮我买到这本书不？（中文版或英文版均可）本人定当感激不尽[抱拳]

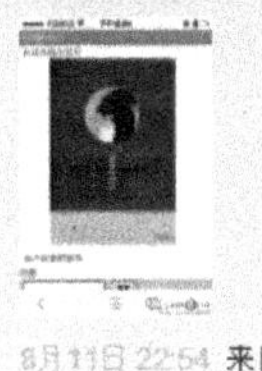

8月11日 22:54 来自iPhone客户端　　👍 | 转发(3) | 评论(2)

8月14日 15:11 来自微博搜索　　👍(2) | 转发(2) | 收藏 | 评论(1)

#成图搜索姬#还在为找不到参考资料发愁吗？又没时间来图书馆查找？来全国图书馆参考咨询联盟吧！联合全国数十家图书馆、上百位专家，汇聚海量数据资源，为您答疑解惑，远程传递文献，足不出户即能查到所需资料。最关键的，全免费！猛戳这里：http://t.cn/SfmozV @文化成都@成都日报@成都发布@云公益

2013-9-28 14:15 来自搜狐桌面　　👍(2) | 转发(114) | 收藏 | 评论(13)

第三，读者建议和意见。这部分问题主要是对图书馆硬件条件、服务态度等提出的问题和意见。

#深图回应#自助图书馆会因为故障给大家带来不便，我馆收到故障报告也可能存在无法直接确定修复时间的情况，但还不至于一问三不知。如果您还需要该图书，请再和我馆联系，电话是82841211、82841212、82841217，请选择人工服务；也可以私信本博留下读者证号和联系方式，负责部门会联系您。

> **@紫色边缘人物**
>
> 前天才夸深圳图书馆，今天就失望了，短信通知我去取书，我兴冲冲到取书点操作了半天，一直取书失败，再操作直接显示我没有预借书，打电话去问，说是机器故障把我的预约取书自动消除了，其他的一问三不知。我不禁深深怀疑自助图书借阅服务点是不是只是门面工程，没有实际借还书功能的？@深圳图书馆
>
> 8月20日 22:48 来自微博 weibo.com　　(1) | 转发(2) | 评论(3)

8月21日 10:34 来自微博搜索　　| 转发 | 收藏 | 评论(8)

@国图少儿馆

#读者问题反馈#8月11日接到读者提出书架没有指示书牌的问题。解决方案：根据图书架位已调整指引标识，方便小朋友们查找图书。感谢该读者提出的建议。读者在来馆期间有其他问题可以联系我们哦~

9月3日 13:37 来自搜狗高速浏览器　　(3) | 转发(1) | 收藏 | 评论

6. 信息公告

图书馆通过微博发布信息公告，信息传播速度快，传播范围广，让更多读者第一时间了解图书馆的变动情况。

第一，通知。图书馆一些重要信息通知，如将节假日开闭馆时间、停电、系统维护等情况及时通知读者，通过微博 # 通知

公告 # 话题标签，方便读者查找和转发。

海南省图书馆官微 V

紧急通知：尊敬的读者：因台风"威马逊"的影响，省图书馆受灾严重，因此定于7月19日（周六）-7月25日（周五）闭馆整理内务，由此给您带来的不便敬请谅解。特此通知。@海南日报 @海南在线 @海南交通广播 求扩散

海南省图书馆

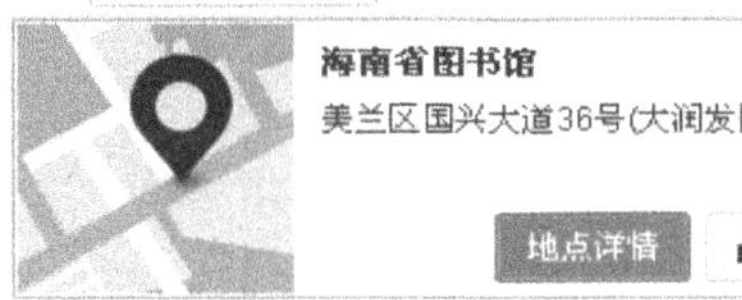

海南省,海口市,美兰区,国兴大道 - 显示地图

23分钟前 来自iPhone 5s | 举报 | 转发 | 收藏 | 评论(1)

第二，活动预告。图书馆举办讲座、展览、培训等活动时，通过微博发布活动时间、地点、内容等信息，并利用 @ 功能，扩大信息传播范围，让更多人及时了解图书馆活动信息。

@ 首都图书馆

这个冬天，和柴静的十年，一道"看见"内心的坚韧与温暖。

@首都图书馆 V

一个人的十年，我们所有人的十年……#柴静新书《看见》首发式# 12月15日（周六）14：00 首都图书馆B座剧场。转发此微博，并@ 三位好友，即有机会获得首发式入场券一张。活动截止时间：12月7日（周五）17:00。@广西师大出版社理想国 @首都图书馆 #首图讲坛#

来自 (15)

2012-12-5 19:24 来自专业版微博 | 转发(51) | 收藏 | 评论(22)

@陕西神木县图书馆

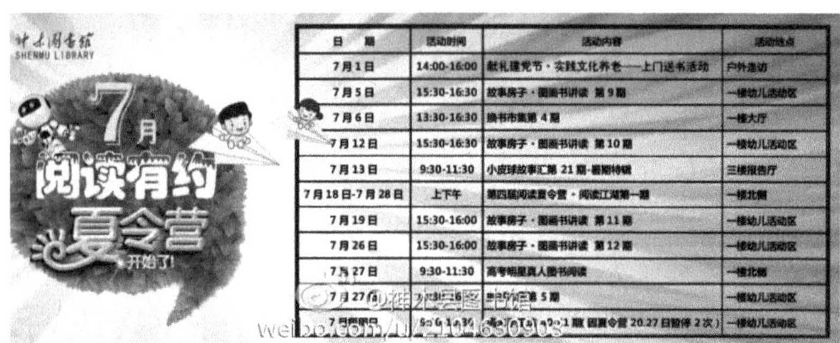

日期	活动时间	活动内容	活动地点
7月1日	14:00-16:00	献礼建党节·实践文化养老——上门送书活动	户外走访
7月5日	15:30-16:30	故事房子·图画书讲读 第9期	一楼幼儿活动区
7月6日	13:30-16:30	换书市集第4期	一楼大厅
7月12日	15:30-16:30	故事房子·图画书讲读 第10期	一楼幼儿活动区
7月13日	9:30-11:30	小皮球故事汇第21期-暑期特辑	三楼报告厅
7月18日-7月28日	上下午	第四届阅读夏令营·阅读江湖第一期	一楼北侧
7月19日	15:30-16:00	故事房子·图画书讲读 第11期	一楼幼儿活动区
7月26日	15:30-16:00	故事房子·图画书讲读 第12期	一楼幼儿活动区
7月27日	9:30-11:30	高考明星真人图书阅读	一楼北侧
7月27日	[illegible]	[illegible]第5期	一楼幼儿活动区
[illegible]	[illegible]	[illegible]1期(因夏令营20.27日暂停2次)	一楼幼儿活动区

第三，服务动态。主要是对图书馆新服务、硬件设施等情况的通知。

@新疆图书馆

让爱凝聚，送您回家！自治区图书馆、文化共享工程新疆分中心将依托电子阅览室为网络购票的群众提供服务，工作人员会手把手的帮助务工人员、老年人在网上购买火车票，还将组织购票专场培训，帮助大家顺利与亲人团聚过节。同时要求新疆文化共享工程各地、县级支中心积极利用电子阅览室开展免费服务！

2011-12-29 14:17 来自微博 weibo.com　　| 转发(106) | 收藏 | 评论(27)

@广州图书馆

大家可在微信通讯录栏中添加查找公众号"广州图书馆"来关注我们哦！

@广州市政府新闻办 V

【广图：微信就能查书续借】今年起，@广州图书馆 的微信公众平台已可为市民提供服务。读者只要添加"广州图书馆"的微信公众账号，即可进行查书、续借、办证等，也可以从公共通知一栏，获取广图的各种服务和活动指南。读者还可以就常见问题在微信上进行咨询。快告诉身边的小伙伴吧！

1月6日 09:55 来自微博 weibo.com　　👍(5) | 转发(62) | 评论(8)

1月6日 13:33 来自专业版微博　　👍(1) | 转发(10) | 收藏 | 评论(6)

#中图资源快讯#之【广东流动图书馆专题网站上线】http://t.cn/RvQcu1U知识改变世界，阅读点亮人生啊！广东省立中山图书馆各流动图书馆动态、视频讲座、同步资源共享等内容，会不会让你觉得世界越来越小，只能感叹"好方便"了吖(⊙o⊙)！

6月26日 14:26 来自微博 weibo.com　　👍(2) | 转发(2) | 收藏 | 评论

7. 导读服务

导读服务是图书馆提高读者信息搜索及利用信息能力的重要方式。图书馆利用微博开展导读服务，及时与读者沟通与交流，解答读者使用图书馆时遇到的问题，指导读者如何使用图书馆资源，帮助读者查找文献资源。通过微博导读服务，向读者推荐优

秀资源，提高图书馆资源利用效率。导读服务大体可以分为以下几个方面：

第一，使用方法。图书馆信息资源类型多样，网络数据库使用方法有所不同，读者在使用过程中会出现各种问题，通过微博发布馆内各种资源使用方法，使读者了解并掌握使用技巧，提高读者的文献检索能力，以便读者有效地利用图书馆。

@青岛图书馆

#重要通知#我馆已开通数字资源馆外访问平台，所有馆藏数据库全部支持馆外访问，只要您是我馆持证读者，可凭身份证号和密码在家里登录我馆全部数据库，欢迎使用！ 帮转 @青岛发布 @愉悦心情 @闲聊菲玛 @蛤蜊少

重要通知

把你认为重要的事情，告诉大家！请在发微博前加#重要通知#~！

话题详情 69

2013-1-24 08:46 来自专业版微博 | 转发(11) | 收藏 | 评论(4)

@深圳图书馆

#深图资源#【移动设备如何免费读方正电子书？】方正APABI电子图书移动阅读平台收录了建国以来大部分的图书全文资源，使用手机、ipad等设备阅读非常方便。扫描二维码，下载安装Apabi Reader阅读器，进入中华数字书苑登录页面，输入机构名(sztsg)、读者证号和密码即可访问。也可用浏览器访问3g.apabi.com

2013-11-20 16:17 来自专业版微博 (1) | 转发(104) | 收藏 | 评论(13)

第二，资源利用。图书馆每年会对馆藏进行调整与补充，基本资源保持不变，个别资源会调整，删除利用率不高，增订读者需要资源，以满足读者的需求。通过微博及时发布信息，让更多读者了解新增馆藏资源。对于试用资源，广泛听取读者的意见，然后，图书馆决定是否订购。

@广州图书馆

#我馆新增一批数字资源供读者免费使用#为拓展网上服务，我馆新购入一批优质数据库，馆内读者可在我馆网站"资源检索—数据库"列表中直接点击进入，馆外读者可登录我的图书馆首页查看使用。新增的数据库内容丰富，覆盖的领域和学科广泛，欢迎大家使用！ 详情请看http://t.cn/zYe7hwD

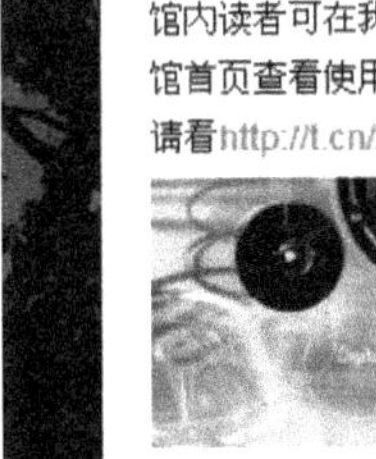

2013-3-18 16:18 来自皮皮时光机　　(1) | 转发(4) | 收藏 | 评论

@国家图书馆

#每周一库#1862年8月24日，北京同文馆成立。最初目的是培养自己的翻译，了解外国的情势，后陆续增设算学、化学、医学生理、外国史地等，于1902年并入京师大学堂。本期推荐宝成多媒体外语学习平台、新东方多媒体学习库、知识视界视频图书馆，供大家查询。

8月20日 16:06 来自微博 weibo.com　　(5) | 转发(8) | 收藏 | 评论(2)

8．活动播报

图书馆经常举办丰富多彩的读者活动，微博具有便捷性、互动性、扩散性等特点。

第一，活动前播报。图书馆在活动举办之前通过微博发布活动时间、活动内容、活动奖励等信息，让读者有更多时间决定是否参加活动，能对活动进行即时播报。

#杭图送书#福利又来啦！第二期：关注@杭州图书馆，并【转发本条微博+书名】，就有机会获得9本书的这一本，5月19日-5月25日，共计10个名额；其余再抽选10个小伙伴，送出@天翼阅读 500阅点，还等什么，快来告诉主页菌，你想要什么书！好书就送给爱书的你~让我们一起来爱阅读，爱生活！

5月19日 11:21 来自微博 weibo.com　　(3) | 转发(161) | 收藏 | 评论(149)

第二，活动中播报。图书馆对活动现场进行微博直播，或发布活动现场图片，扩大活动的影响力。

顺德图书馆 V

#2014阅读夏令营#开营仪式结束后，营员们纷纷回营地开展破冰活动，通过自我介绍、互动小游戏等打破陌生感，促进友谊建立，增强班级归属感

4分钟前　来自红米手机 | 举报　　　　| 转发 | 收藏 | 评论

第三，活动后播报。活动后播报通常为活动结束后对活动进行总结和通报，有奖励的活动结束后在微博上公布获奖情况，即时告知活动参与者。

听解家父子讲北京人艺的故事……"当他们有意或无意地把一件道具、一件戏装、一个签名、一封来信、一份手稿保存或收藏起来的时候，也许已意识到，这些收藏将会承传北京人艺历史文化传统的价值。随着时间的推移，这一价值已经凸显出来。这些收藏，像一棵大树的年轮一样，记录着北京人艺成长的历史"

@首都图书馆 V

#豆瓣同城北京活动#：听解家父子讲北京人艺的故事……【首图讲坛】#解玺璋#、#解宏乾#：焦菊隐与北京人艺 时间：6月21日周六14：00 (朝阳区东三环南路88号 首都图书馆 A座 一层多功能厅) http://t.cn/RvtXYyn

6月30日 16:47 来自豆瓣的分享　　(2) | 转发(32) | 评论(8)

6月15日 13:38 来自搜狗高速浏览器　　(2) | 转发(2) | 收藏 | 评论

9．资讯分享

微博的基本功能是资讯的分享，通过发布资讯让其他粉丝评论或转发，与粉丝进行互动交流。图书馆微博不仅要发布图书馆业界资讯，而且也要发布其他微博信息，这样可以吸引到更多的网友。公共图书馆微博发布的资讯内容类型较多，有新闻、生活百科、经典语录、知识信息等，大体有以下几类：

第一，新闻趣闻。新闻主要是各类重要的资讯，推荐给读者阅读；趣闻主要是一些有趣的图片、小故事、笑话等，为读者阅读图书馆微博时增加一点乐趣。

重庆图书馆 V
#温馨提示#【公共场所发生紧急情况如何避险？戳图学习！】

@重庆市人民政府新闻办公室 V
【公共场所发生紧急情况如何避险？戳图学习！】地铁、飞机、公共汽车、大型商场、高层建筑、大型公共场馆、学校、客船……一旦发生突发性事件，群众应该如何避险，将损失减至最小？广东省公安厅发布公共交通和公共场所突发事件应急避险指引，戳图学习&扩散，关乎生命！ http://t.cn/RP2mvov 南方日报

今天 11:29 来自人民微管家　　(4) | 转发(15) | 评论

21分钟前 来自政府版微博 | 举报　　| 转发 | 收藏 | 评论

第二，知识经验。这类微博主要将自己的知识和经验编辑成微博发布，以供更多的人学习，掌握方法和经验。图书馆通过微博发布这些消息，为读者获取知识和经验提供方便。

#深图回应#感谢热心的@萧秋水 老师！以读者的视角来介绍深圳图书馆的服务，应该对大家更加实用吧。请收藏并转发！

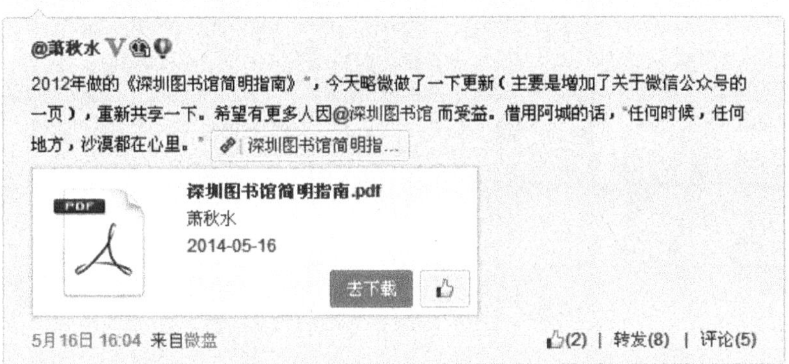

5月16日 16:11 来自微博 weibo.com | 举报　　| 转发 | 收藏 | 评论(1)

@上海少年儿童图书馆

#儿童心理与阅读#父母千万不能在孩子面前吵架，无疑将显现出决裂的信号，孩子对此是充满恐惧的。一个家庭是否温馨，会影响到孩子的心灵世界，美满的家庭不是只要家人健在就好，而是彼此感情融洽。如果孩子一直生活在恐惧中，那么对他的任何要求都是多余的。

2013-1-14 11:10 来自专业版微博　　| 转发(12) | 收藏 | 评论(2)

@上海少年儿童图书馆

#知识小百科#【保护大脑的12个习惯】1、没事哼歌曲。2、用关心的口气跟别人说话。3、多吃含铁食物，如猪肝、黑木耳。4、家里窗帘增加一层遮光布。5、戴耳机打电话。6、工作时思绪卡壳看看绿色植物。7、多喝水。8、作息规律。9、睡眠充足。10、多运动，做腹式呼吸。11、不吸烟。12、不喝酒。

8月6日 14:53 来自微博 weibo.com | 转发(1) | 收藏 | 评论

第三，语录。图书馆发布一些名人语录或有深度的见解、对读者有一定启发、能产生共鸣的语句。这类微博语录十分精练，文字简短优美。

@上海图书馆

#晚安上图#凡事都不可小看。你知道，一个铁钉可以毁了一个马蹄子，一个马蹄子可以毁了一匹马，一匹马可以断送一次战役，一次战役可以灭掉一个伟大的国家。——西班牙 松苏内吉《合同子》

9月1日 20:29 来自皮皮时光机 | 转发(2) | 收藏 | 评论

@重庆图书馆

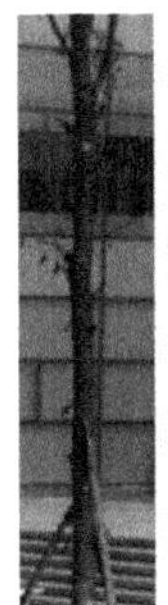

#书摘碎语#人们常常把一些小事抛在脑后，一些生命的片刻烙印在时光尘埃里，我们可以试着忽略，但这些微不足道的小事却一点一滴形成一条链子，将你牢牢与过去连在一起。——马克·李维《偷影子的人》

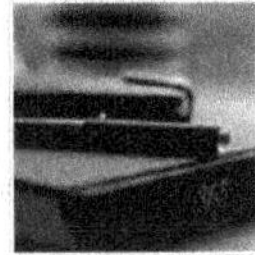

书摘碎语

书摘碎语，何尝不是人生碎语一片一片地堆积人生。。。

话题详情 31

8月30日 10:46 来自重庆图书馆-皮皮时光

(1) | 转发 | 收藏 | 评论(1)

@佛山图书馆

#早安励志#人不是向外奔走才是旅行，静静坐着思维也是旅行，凡是探索、追寻、触及那些不可知的情境，不论是风土的，或是心灵的，都是一种旅行。——林清玄《玄想》

2013-7-26 08:04 来自皮皮时光机

| 转发(6) | 收藏 | 评论

三、图书馆微博评价基本指标

1. 关注数

关注数是博主关注微博账号的总数。关注数据显示博主的参与度。

2. 粉丝数

粉丝数是博主账号被关注的数量，它与“关注度”相对。粉丝数量反映博主微博的影响力。粉丝数越多，能够看到博主发布信息的人越多，博主影响范围也越大。

3. 微博数

微博数是博主发布微博的数量，可以是每日发布博文数量，也可以是一段时间发布博文的总量。它反映博主在线发布量及个人个性，知名博主不但微博数量多，而且微博质量高。

4. 转发数

转发数是某条微博被转发次数的总和。反映微博信息传播范围和传播速度，有影响力的博主和有吸引力的内容是加快转发的重要基础。

5. 评论数

评论数是某条微博被评论次数的总和，它反映微博博文内容的质量，博主话题的参与度和影响力。

第四章　我国公共图书馆微博现状分析

一、公共图书馆微博注册

2010 年称为中国微博发展“元年”，2011 年微博快速发展，呈现出“井喷”的增长态势。具有个人特色、地区特色的图书馆微博如“雨后春笋”。我国公共图书馆微博集中在新浪、腾讯上，截止到 2014 年 4 月，以图书馆名称在新浪注册微博数 17086 个；在腾讯注册微博数 7167 个。公共图书馆微博有的在新浪、腾讯两平台上注册微博，发布内容基本相同的，我们仅选取一个网站微博数据进行分析研究。2010 年全国公共图书馆只有 5 家图书馆开通微博服务。2010 年 7 月，上海图书馆信使首先注册微博，上海图书馆成为全国公共图书馆第一家开通微博服务的图书馆，同年 9 月，佛山市图书馆、10 月，首都图书馆和吉林省图书馆、12 月，杭州图书馆先后注册认证官方微博，这预示着公共图书馆微博服务开始。2011 年公共图书馆注册数量激增，进入“井喷”之年，有 58 家陆续注册开通微博服务，截止到 2014 年 4 月新增公共图书馆微博 7 个，微博注册数量呈现缓慢增长的趋势。(见图表 1、2)

公共图书馆注册时间统计表（图表1）

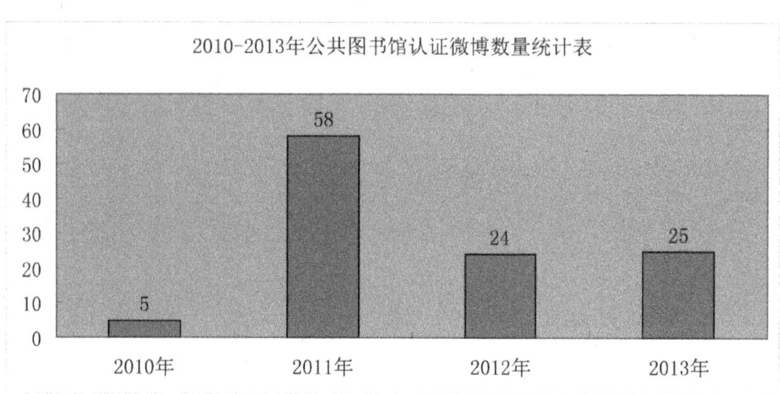

微博注册时间列前10位公共图书馆（图表2）

注册时间	微博名称
2010-7-6	上海图书馆信使
2010-9-14	佛山市图书馆
2010-10-26	首都图书馆
2010-10-28	吉林省图书馆
2010-12-7	杭州图书馆
2011-1-25	深圳图书馆
2011-1-30	武汉图书馆
2011-1-31	渝中区图书馆
2011-2-2	北京市东城区图书馆
2011-2-13	温州市图书馆

二、公共图书馆微博区域分布

据统计显示，华东、华南、华北等区域公共图书馆微博开通情况好于中西部地区，各地微博开通情况排名与所在区域经济等综合发展情况的排名大体一致，公共图书馆微博用户集中在广东、浙江、上海三大地区，所占比例高达33%，广东地区公共图书馆微博最多，占比12.5%；浙江地区其次，占比11.6%；上海地区排在第三，为8.9%。（见图表3）

从公共图书馆微博“内陆—沿海”分布情况来看，沿海地区的微博数多于内陆，微博的使用与发布和地区经济发展有一定关系，经济发达地区开放程度高，服务意识强、服务质量高于欠发达地区，因此，微博数量多于欠发达地区。

各省公共图书馆微博分布情况（图表3）

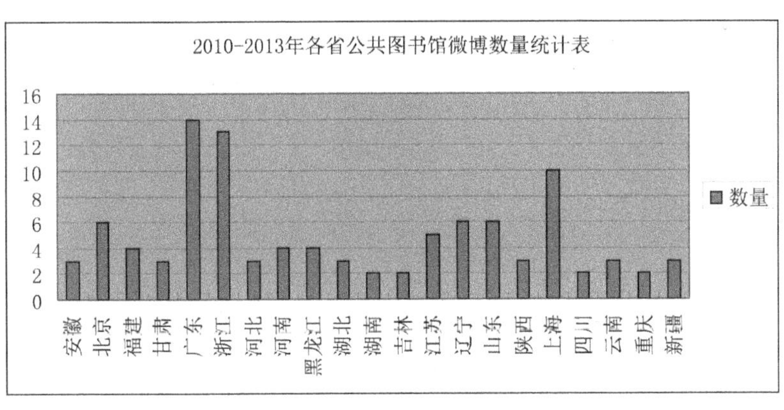

级别分布：市图书馆微博居多。

从注册公共图书馆行政级别来看，市级图书馆微博注册62家，数量较多，据2013年《中国图书馆年鉴》提供的公共图书馆数量，省级公共图书馆38家，开通微博馆数占省级公共图书馆总数55.2%；全国地市级公共图书馆354家，注册认证微博47家，占总数13.3%；全国区县图书馆2683家，开通认证微博44家，占区县馆总数的1.6%，公共图书馆认证微博数量仅占全国公共图书馆总数3.7%。由此可见，基层公共图书馆微博服务普及率不高。（见表4）

公共图书馆微博级别分布图（图表4）

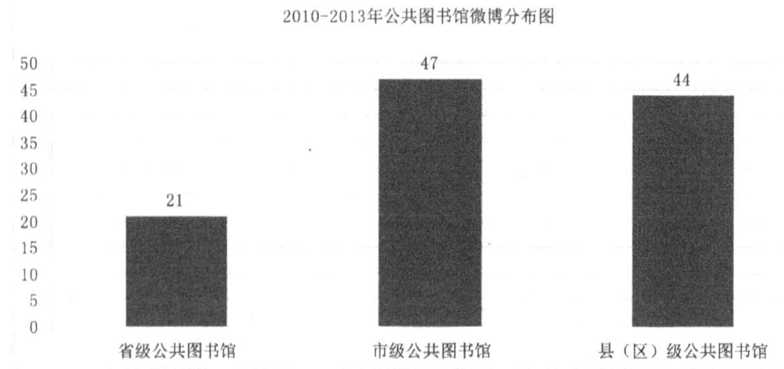

三、公共图书馆微博外观设计

1. 头像分析

我们对图书馆头像进行统计，省市县公共图书馆微博头像多数使用图书馆 LOGO 和图书馆建筑，只有 2 个馆选择个性化图片作为头像。省级公共图书馆使用 LOGO 的占 71.4%；市级公共馆使用 LOGO 的占 59.5%，区县图书馆使用 LOGO 的占 29.5%。（见表 5）

从统计中得出，上海、广东两地基层公共图书馆都有自己独特的 LOGO，两地绝大部分图书馆微博选用馆标作为头像，新建图书馆使用图书馆建筑作为头像，如东莞、深圳等图书馆使用图书馆外观作为微博头像，以展示新馆的建筑风格和设计理念。而其他地区基层图书馆多数没有自己的馆标，故选取图书馆建筑外观作为微博头像。

2010—2013 年公共图书馆微博头像使用统计表（图表 5）

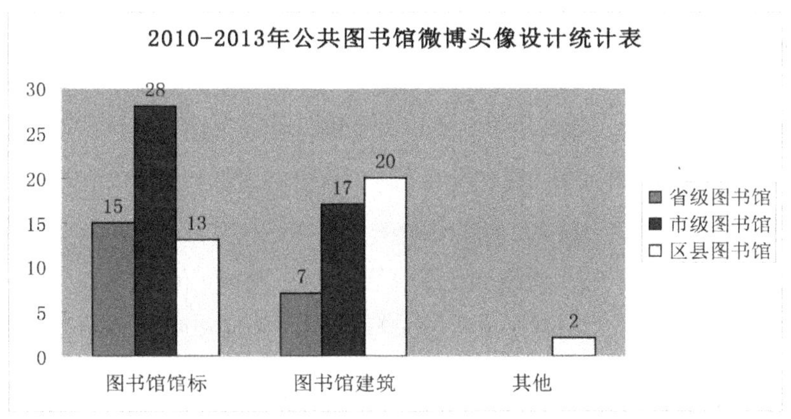

2. 公共图书馆微博模板

微博模板指的是微博主页上两个侧边以及上部空白处的图案。模板如同公共微博的外衣，丰富多彩，是展示公共图书馆形象的一个重要方式。大多数图书馆采用系统自带模板。杭州馆、深圳图书馆等对模板进行了重新设计，以图书馆建筑为背景，并配有图书馆 LOGO，更具个性化和特色。

公共图书馆微博通过文字、视频和图片对图书馆历史、资源、功能和特色等作简要介绍。统计 112 家公共图书馆，有文字介绍的有 82 个占 73.2%，图片介绍的有 56 个占 50%，视频介绍的有 25 个占 22.3%，省级公共图书馆使用视频做馆情介绍的有 2 个，仅占总数的 1.7%，省馆视频使用率偏低。视频和图片可以对文字简介作有效补充，可以弥补文字的不足，用更感性的方式表达，更容易为网友所接受，各馆应该重视上传视频、音频等多媒体宣

传片，通过微博平台宣传图书馆，吸引更多的网民走进图书馆。

微博模板上的联系方式主要有两种：电话和邮箱，其中联系电话占总数的 38.31%，邮箱占 23.19%。从统计数据看，县（区）馆中有联系电话的占 79.5%，有邮箱的占 50%；市级图书馆有联系电话的占 67.1%，有邮箱的占 43.1%；省级馆有联系电话的占 42.8%，有邮箱的占 19%。总体来看，县（区）馆更重视联系方式设置，省级馆对联系方式重视不够。

公共图书馆微博模板内容统计表（图表 6）

	微博总数	图书馆介绍			联系方式		友情链接		标签
		文字	图片	视频	电话	邮箱	0–3 个	3 个以上	
省级	21	17	7	2	9	4	13	8	11
市级	47	31	23	11	29	19	36	10	36
县（区）级	44	34	26	12	35	22	33	11	34

2010—2013 年公共图书馆微博主页内容分析（图表 7）

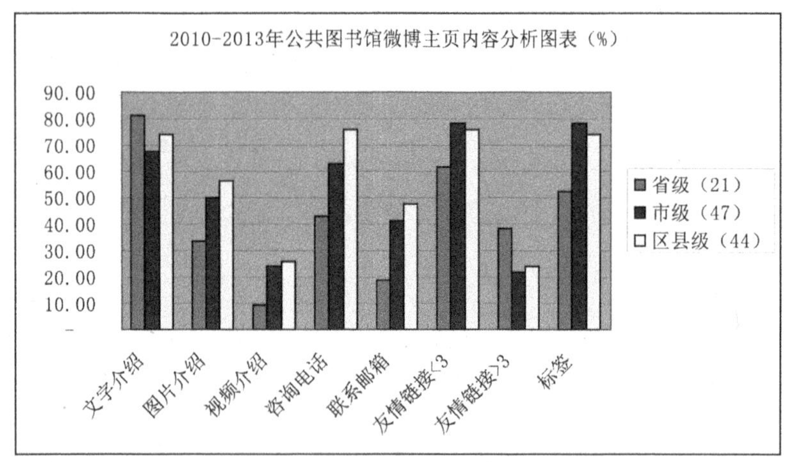

3. 标签

标签主要是用于描述自己的职业信息、服务特点等内容的关键词，其作用是让网民更多了解你，并通过搜索找到职业、兴趣相同的人。标签的内容较为简短，只允许 10 个之内，杭州图书馆和大连图书馆标签关键词达 10 个，大多数图书馆标签关键词在 6 个以上，各图书馆都比较重视微博标签的使用。

图书馆标签分为三类：

第一种，职业信息的标签。如广东省立中山图书馆标签：中山图书馆、老大哥、广东省图书馆、广东数字图书馆。

第二种，服务信息的标签。如杭州图书馆标签：阅读、学习、图书馆、讲座、沙龙、读书、涨知识、书籍、书单、图书。

第三种：个性化标签。如南浔图书馆标签：情系嘉业书缘、

诚建百姓书房。

调查 112 个图书馆中有 81 个图书馆使用标签功能，使用标签功能的占 72.33%，未使用标签的占 27.67%。使用标签功能的省级公共图书馆有 11 个馆，占省馆总数的 52.38%；市级公共图书馆 36 个，占市馆总数的 78.26%，区县图书馆 34 个，占区县馆总数的 73.91%；市县图书馆标签的使用比例远远高于省级馆，基层图书馆更加重视利用标签来宣传图书馆。

公共图书馆微博标签共选取 26 个关键词，“图书馆”关键词使用率最高，占比 23.2%；其次阅读占比 13.3%；第三是讲座占比 12.5%，充分表述了图书馆服务性质、职业特点。(见图表8、9)

2010—2013 年公共图书馆微博标签统计表（图表 8）

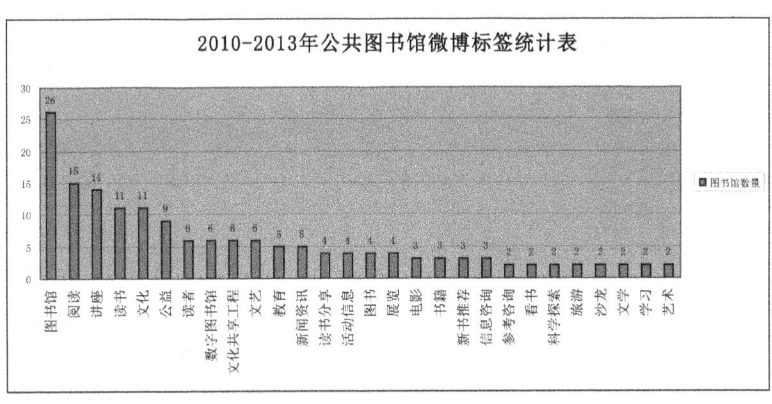

2010—2013 年各馆关键词数量统计表（图表 9）

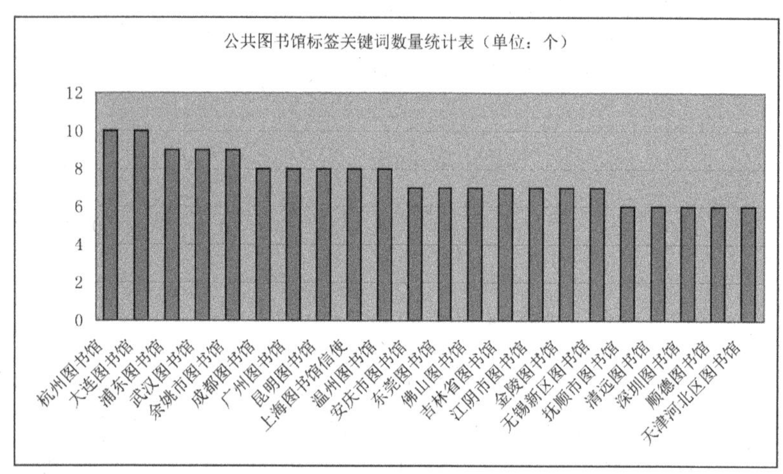

@大连图书馆

标签

图书馆控 白云书院 文化传播 活动信息 图书馆学 书迷

书籍 读者 讲座 图书馆

四、公共图书馆微博关注

2012−2013年，成都市图书馆的关注数量，从2012年的50个到2013年的1781个，增加关注数量最多；其次是陕西省馆增加250个关注，其他公共图书馆的微博关注数量变化不大，基本保持平稳状态。公共图书馆微博关注的对象分为三类：

一类是国内相关政府机构、文化宣传、出版机构、新闻媒体的微博；可以了解文化、出版方向动态，掌握最新资讯。

二类是公共图书馆、高校图书馆、情报所等图情机构的微博，及时获取同行信息，学习借鉴经验，拓展思路，提高本馆服务水平和服务能力。

三类是关注图书馆行业、信息管理、信息传播等相关领域的意见领袖的微博，相关领域的意见领袖具有深厚的专业知识和丰富的实践经验，部分是本专业的专家学者，一般都拥有大量的粉丝。

公共图书馆微博要关注高校图书馆、情报所等同行的微博，更要关注图情专业、信息传播领域意见领袖的微博，可以及时了解行业动态、存在的问题，甚至可以找到解决问题的方法和思路，对于公共图书馆开展服务创新，图书馆与新技术融合等方面具有积极作用。

2012—2013 年公共图书馆微博关注变化统计表（图表 10）

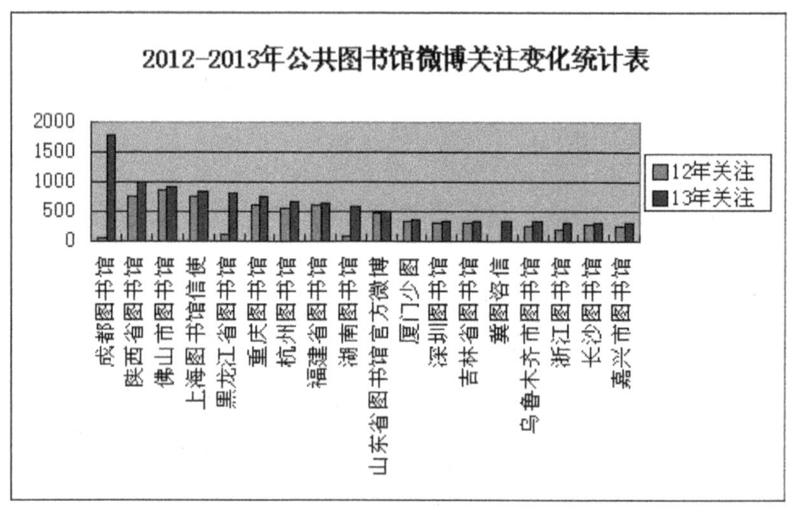

五、公共图书馆微博粉丝数

“粉丝”数量是评判微博价值的重要指标。粉丝数量并不能完全反映公共图书馆微博的发展程度以及影响力，但从一定程度上，“粉丝”数量可以代表公共图书馆微博的规模和影响范围，“粉丝”数量多少直接关系到微博内容传播的速度。2012 年监测 50 个公共图书馆粉丝总数为 503697，2013 年总数达到 1238065，同比增长 47.52%，公共图书馆微博关注度和影响力有了较大提升。湖北省图书馆、贵州省图书馆、上海图书馆信使、国家图书馆粉丝数量排前四名。湖北省图书馆年发文量很少，粉丝量连续两年

居全国第一位，推测可能存在僵尸粉。所谓的僵尸粉是微博上的虚假粉丝，属于有名无实的微博粉丝，它们通常是由系统自动产生的恶意注册用户。

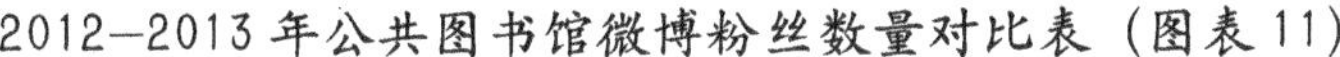

2012—2013 年公共图书馆微博粉丝数量对比表（图表 11）

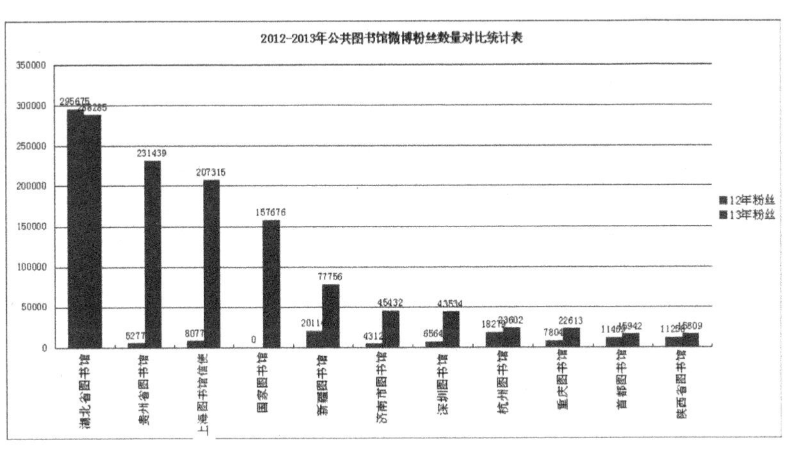

2013 年粉丝数过万的图书馆有 11 个，粉丝量增长较快的分别是贵州省图书馆，增长 4285.81%、上海图书馆信使增长 2466.73%、湖南省图书馆增长 1140.23%、济南市图书馆增长 953.62% 等。粉丝量减少最明显的是成都图书馆，其粉丝数量从 2012 年的 44512 下降到 2013 年的 4413，降幅达 90.09%。（见图表 11）

2013 年公共图书馆粉丝增长数量统计表（图表 12）

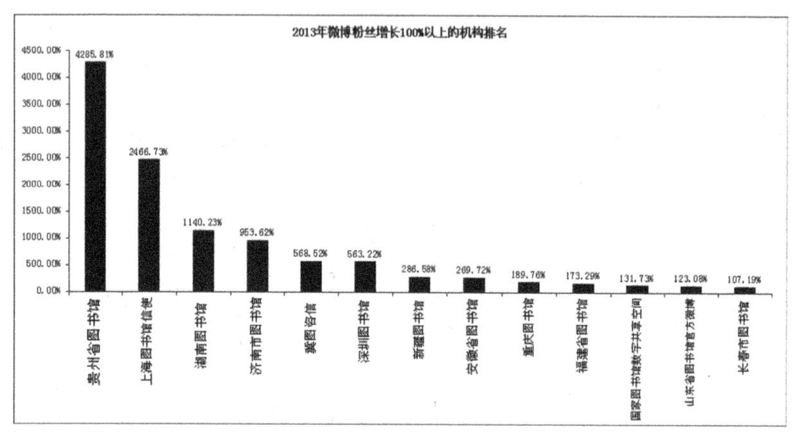

六、公共图书馆微博博文量

1. 原创

我们监测 50 家公共图书馆，2012 年发布博文量共 25053 条；2013 发布博文总共 43496 条，同比增长 73.61%，微博发布量增长较快。2013 年原创博文 31493 条，占总数 72.4%，转发博文 12003 条占总数 27.6%。从统计数据看，公共图书馆微博原创数大于转发数（见图表 13- 图表 15），从 2012–2013 年博文量统计表中可以看出，1–2 月、7–9 月是微博发布高峰区，这两个时段正值寒暑两假，也是公共图书馆最忙碌，读者活动最多的时期。

2012年公共图书馆微博原创转发数量统计表(图表13)

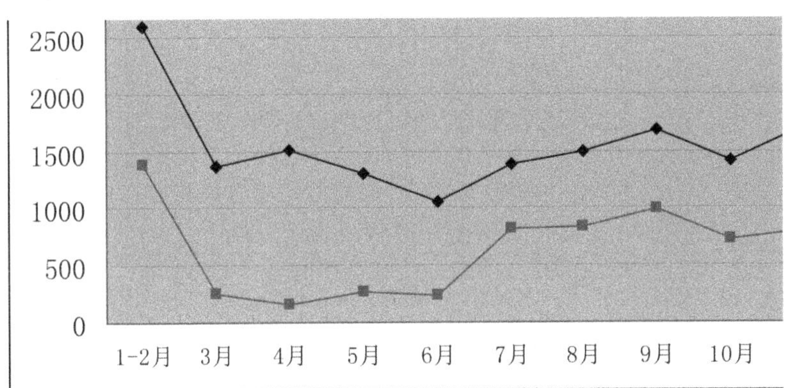

2013年公共图书馆微博原创转发统计表（图表14）

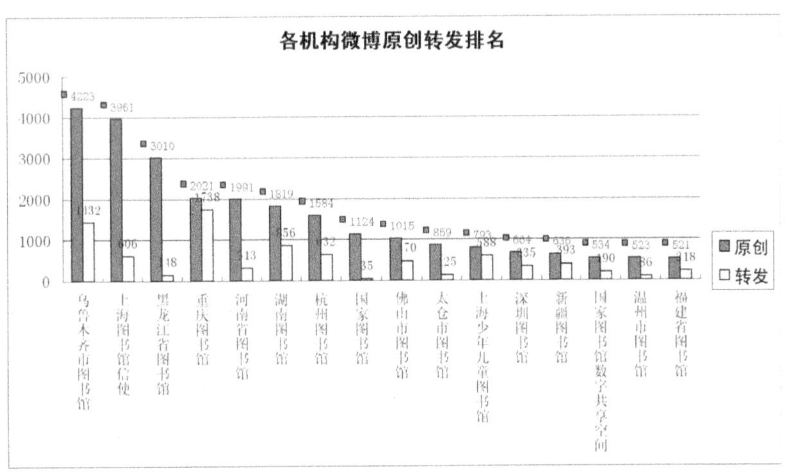

2012—2013 年公共图书馆微博原创转发数据统计表（图表 15）

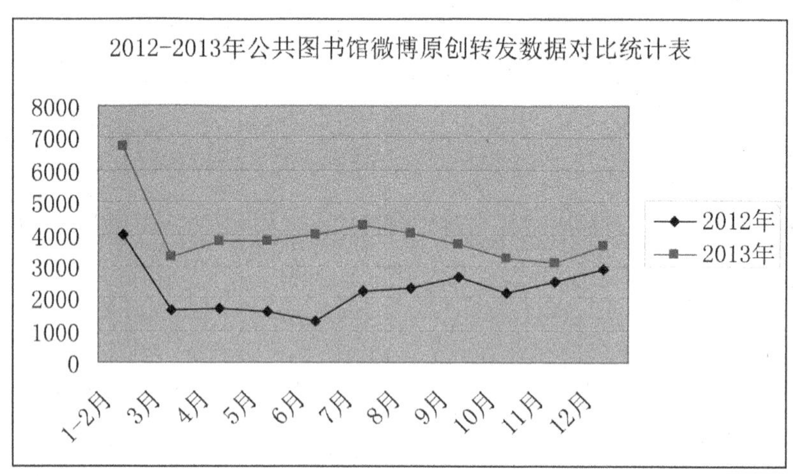

2012 年图书馆日均发布微博 1.37 条，杭州图书馆日均 8.89 条名列第一，日均博文 2 条以上的有 10 个图书馆。2013 年据监测日均博文量排前三位的分别是乌鲁木齐图书馆（15.49 条）、上海图书馆信使（12.51 条）、重庆图书馆（10.30 条），公共图书馆日均发布微博 2.38 条，日均 2 条以上的有 17 个图书馆，与 2012 年相比增长 73.7%。

2012—2013年公共图书馆博文量排列前10位统计表（单位：条）

（图表16）

2012年公共图书馆博文量统计表				2013年公共图书馆博文量统计表		
序号	微博名称	博文量	日均量	微博名称	博文量	日均量
1	杭州图书馆	3246	8.89	乌鲁木齐市图书馆	5655	15.49
2	乌鲁木齐市图书馆	2140	5.86	上海图书馆信使	4567	12.51
3	新疆图书馆	1996	5.46	重庆图书馆	3759	10.3
4	国家图书馆	1624	4.44	黑龙江省图书馆	3158	8.65
5	重庆图书馆	1507	4.12	国家图书馆	1159	7.72
6	上海图书馆信使	1506	4.12	湖南图书馆	2675	7.33
7	首都图书馆	1112	3.04	河南省图书馆	2304	6.31
8	黑龙江省图书馆	1105	3.02	杭州图书馆	2216	6.07
9	成都图书馆	1088	2.98	佛山市图书馆	1485	4.07
10	陕西省图书馆	921	2.52	上海少年儿童图书馆	1380	3.78
注：国家图书馆统计数据是从2013年8月－12月						

2. 被转评量分析

在微博转发方面 ,2012 年日均被转发 4.26 次，2013 年日均被转发 21.08 次，同比增长了 394.83%。上海图书馆信使、湖南省图书馆、杭州图书馆等 19 个图书馆微博被转发数量增长 1 倍以上，尤其是上海图书馆信使的“激情夏日 · 绿色阅读”被转发 242135 次，创图书馆微博转发量新高。由此可见，公共图书馆微博信息传播能力有了较大提升。

在微博评论方面，2013 年日均评论量 11.17 条，一年内评论量超过 1000 条的有 12 个（见图 19），占监测总数的 24%。上海图书馆信使评论量推高了公共图书馆评论平均值。若上海图书馆信使评论量不计算在内，公共图书馆日均评论量仅为 2.44 条。

2012 年公共图书馆微博被转评量统计表（超过 1000 条机构）

（图表 17）

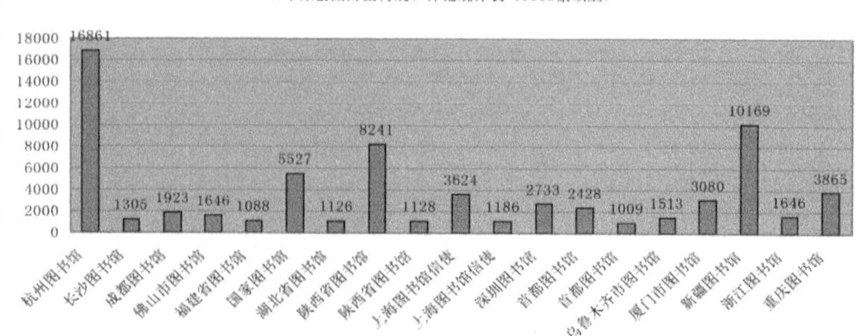

2013 年公共图书馆微博转发量排名（图表 18）

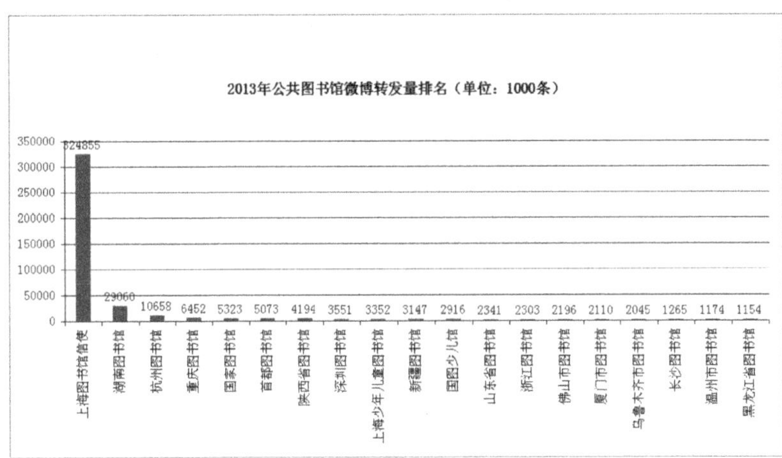

2013 年公共图书馆微博评论排名（图表 19）

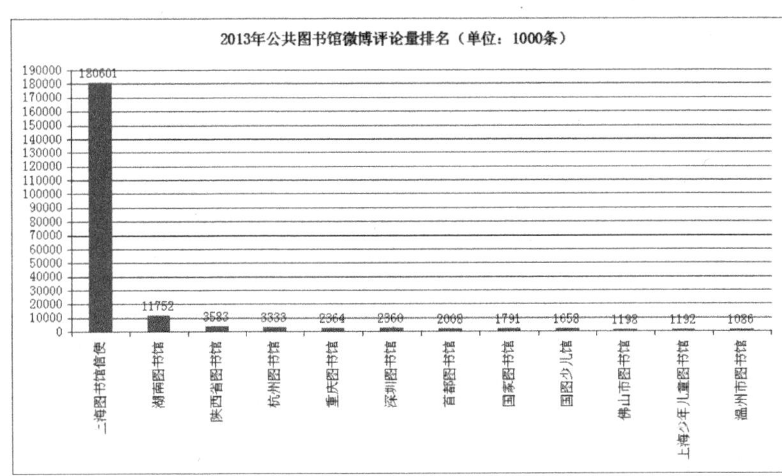

2012—2013 年公共图书馆微博被转评量统计表（图表 20）

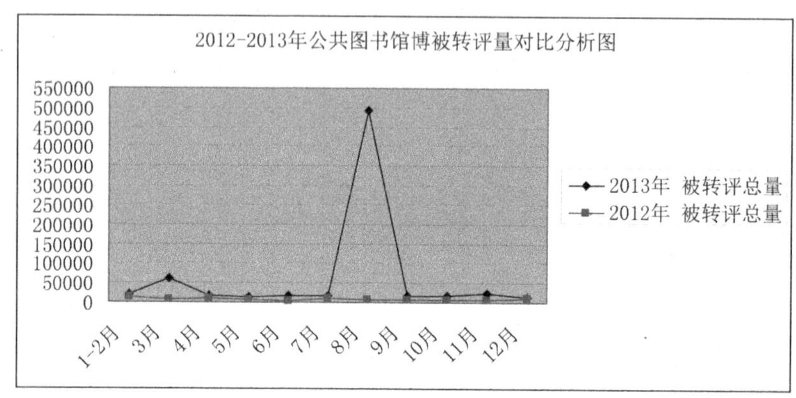

七、公共图书馆微博话题分析

1. 话题博文量

2012 年全年话题 569 个，原创博文 8465 条，其中 17 个话题博文量超过 100 条。2013 年全年话题 804 个，原创博文 21014 条，占全年原创总量的 67.03%，话题原创性较高。有 23 个话题博文量超过 200 条，占话题总数的 2.83%。河南省图书馆的“2013 漂书推荐”、上海图书馆信使“新书到”、黑龙江省图书馆“专题活动 · 真人图书馆”博文量居前列。

从统计数据来看，2013 年话题博文量比 2012 年增长了 2.46 倍，2012 年博文量 200 条以上的话题只有 6 个，2013 年增长到 23 个，涨幅达 283.33%。

2012—2013 年公共图书馆话题对照一览表（图表 21）

2012 年微博话题统计表			2013 年微博话题统计表	
序号	话题	原创数量	话题	原创数量
1	晨读上海（上海馆）	705	2013 漂书推荐（河南馆）	877
2	昆仑讲坛（新疆馆）	322	新书到（上海馆）	702
3	图书馆业界动态（黑龙江馆）	281	专题活动 · 真人图书馆（黑龙江馆）	692
4	活动预告（杭州馆）	259	数字文化共享（河南馆）	406
5	好书推荐（杭州馆）	216	展览 · 活动报导（黑龙江馆）	395
6	花言巧语（上海馆）	198	触类旁通（上海馆）	371
7	新书到（上海馆）	197	晚安上图（上海馆）	357
8	今日热门检索（吉林馆）	189	图书馆业界动态（黑龙江馆）	356
9	上海俗语（上海馆）	169	晨读上图（上海馆）	341
10	北京换书大集（首图）	161	每日经典诵读（国家馆）	303
11	首图讲坛（首图）	143	365 时光胶囊（上海馆）	296

12	爱阅读寻找属于你的书（浙江馆）	136	业界动态（国家馆）	284
13	深图回应（深圳馆）	112	数字阅读·纸质图书推荐（黑龙江馆）	281
14	地名中的新疆（新疆馆	103	豫图借阅部（河南馆）	254
15	小采编，上新书啦（湖南馆）	102	业界资讯（哈尔滨市图）	251
16	豆瓣同城北京活动（首图）	100	下新书啦（湖南馆）	243
17	新书推荐（贵州馆）	99	数字阅读·每周一课（黑龙江馆）	240
18	深图讲座（深圳馆）	98	EnglishAnytime（重庆馆）	235
19	业内交流新闻知识（杭州馆）	81	湘图活动大喇叭（湖南馆）	220
20	陕图讲坛（陕西馆）	78	好书推荐（杭州馆）	214

2. 话题被转发、评论数量分析

2012 年公共图书馆话题共 570 个，话题被转评总量为 32879 次，其中被转发 20922 次，被评论 12577 次。话题被转评量超过 100 条的有 71 个，占话题总数的 12.45%。71 个话题被转评 24676 次，占转评总数的 75.05%。

2012 年话题被转发、评论数量统计表（图表 22）

序号	话题	微博名称	被转发	评论	合计
1	北京换书大集	首都图书馆	938	1801	2739
2	首图讲坛	首都图书馆	1929	518	2447
3	昆仑讲坛	新疆图书馆	1284	311	1595
4	活动预告	杭州图书馆	517	226	743
5	读者活动	杭州图书馆	266	494	725
6	好书推荐	杭州图书馆	380	391	671
7	豆瓣同城北京活动	首都图书馆	479	156	635
8	业内交流新闻知识	杭州图书馆	343	278	621
9	周末故事会	国图少儿馆	412	209	621
10	舌尖上的新疆	新疆图书馆	500	75	565
11	首图二期新馆探秘	首都图书馆	298	239	550
12	活动预告	厦门市图书馆	376	94	470
13	晨读上海	上海图书馆信使	388	459	456
14	深图回应	深圳市图书馆	169	283	452
15	展览推荐	国图经典阅读推广	375	76	451
16	重图讲座	重庆市图书馆	256	184	450
17	首图讲坛尚读沙龙	首都图书馆	251	140	391
18	学雷锋知识有奖竞猜	杭州图书馆	246	129	375

19	陕图讲坛	陕西省图书馆	197	169	366
20	上海俗语	上海图书馆信使	197	169	366

2013年公共图书馆微博话题共804个，话题被转评量超过100条的有131个，占话题总数的16.29%。全年话题被转评590707次，其中被转发383908次，被评论206865次。131个话题被转评574410次，占总转评量的97.24%；被转发数374339次，占总被转发数的97.50%；被评论200046次，占总被评论数的96.70%。从统计数据中可以看出，其余673个话题被转评数仅占总量的2.76%。其中上海图书馆20个话题被转评量为496446，占全国话题总转评量的84.04%。

从上述统计数据看，2013年话题数量只增长41.05%，但话题转评量与2012年相比增长16倍，话题质量有了较大的提高。

2013年话题被转发、评量数量统计表（图表23）

序号	话题	微博名称	被转发	评论	合计
1	激情夏日·绿色阅读	上海图书馆信使	304106	173870	477976
2	写书评，赢好礼	湖南图书馆	27093	10535	37628
3	新书到	上海图书馆信使	3333	531	3864

4	每日经典诵读	国家图书馆	3024	638	3662
5	触类旁通	上海图书馆信使	1982	437	2419
6	晚安上图	上海图书馆信使	1756	579	2335
7	首图讲坛	首都图书馆	1167	256	1423
8	晨读上图	上海图书馆信使	983	374	1357
9	创·新空间	上海图书馆信使	822	394	1216
10	北京换书大集	首都图书馆	806	351	1157
11	上海闲话	上海图书馆信使	508	424	932
12	365 时光胶囊	上海图书馆信使	657	208	865
13	周末故事会	国图少儿馆	571	294	865
14	我在上图	上海图书馆信使	487	319	806
15	深图公告	深圳图书馆	487	276	763
16	书刊介绍	国家图书馆	527	192	719
17	儿童心理与阅读	上海少年儿童图书馆	592	107	699
18	业界动态	国家图书馆	506	191	697

19	昆仑讲坛	新疆图书馆	569	106	675
20	金蛇起舞迎新春	国图少儿馆	352	287	639
21	好书推荐	杭州图书馆	425	125	550
22	深图书讯	深圳图书馆	375	167	541
23	上海俗语	上海图书馆信使	322	215	537
24	专题活动·真人图书馆	黑龙江省图书馆	362	173	535
25	豆瓣同城北京活动	首都图书馆	371	160	531
26	育儿专栏	上海少年儿童图书馆	440	85	525
27	陕图讲坛	陕西省图书馆	360	157	517
28	市民学堂	深圳图书馆	370	141	511
29	湘图活动大喇叭	湖南图书馆	338	163	501
30	早安励志	佛山市图书馆	401	99	500

2013年25家图书馆话题共有131个，话题被转评量超过100条，其中上海图书馆信使话题博文质量较高，有20个话题转评量过百条，居各馆之首。

2013年公共图书馆话题数量统计表（图表24）

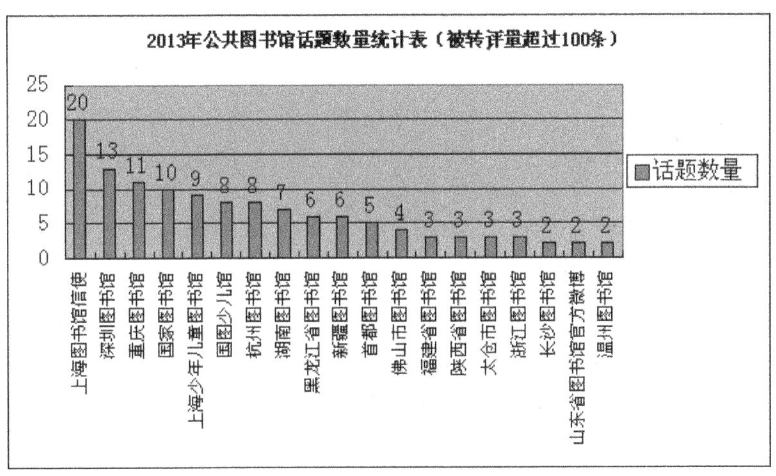

3. 话题分类分析

图书馆微博话题紧紧围绕图书馆活动和服务进行宣传；将其分为活动播报、阅读推广、图书推荐、读书交流、数字阅读、人文鉴赏、生活百科、业界信息、地域文化等14个类来进行统计分析。

从话题分类统计结果来看，活动播报占31%、阅读推广占9.3%、业务资讯占9.1%、讲座信息占7.7%、读书交流占6.6%，以上话题数量较多，反映公共图书馆“用户服务”“导向”和“分享”特征。

2013 年话题分类统计表（图表 25）

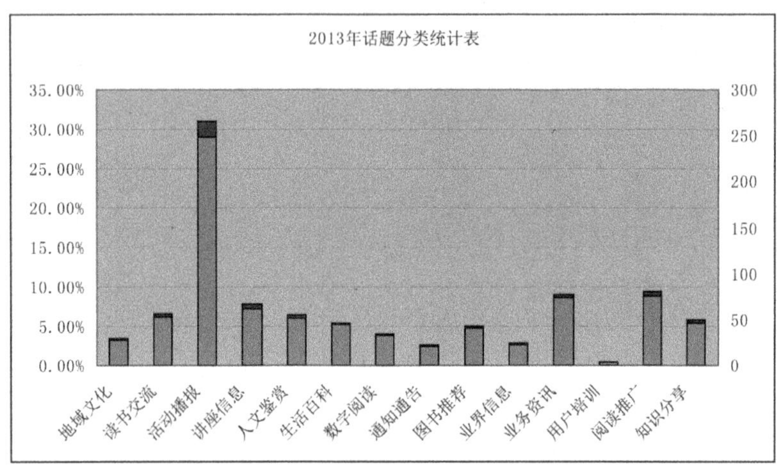

第五章　公共图书馆微博服务案例

一、国家图书馆

2013 年 5 月，国家图书馆官方微博在新浪平台上开通微博服务。国家图书馆官方微博以信息推送为主，同时为读者揭示馆藏资源、推广优秀经典文化。国家图书馆官方微博先后开设以下栏目：1. 每日经典诵读：每天发布经典诗词和格言各一条，宣传介绍中华优秀传统文化；2. 书刊介绍：重点推荐优秀中文图书，如文津图书奖获奖图书、读者借阅热点图书等；3. 服务导航：整理发布国家图书馆各阅览室服务信息及常见读者服务问题；4. 业界动态：介绍近期全国图书馆界服务动态；5. 馆藏精品：介绍国家图书馆特色资源库中的甲骨、年画、碑帖等镇馆之宝；6. 每周一库：从本馆已有中外文数据库资源出发，每周确定一个主题，推荐主题相关数据库资源。

国家图书馆除官方微博之外，还有“国图少儿馆”、“国家图书馆数字化共享空间”、“国图经典文化推广”、“国图法律参考阅览室”、“国图书刊”、“国图音乐厅”等多个部门认证微博，最有影响力的是“国家图书馆”和“国图少儿馆”两个微博。

读者转评量较多的栏目有：“每日经典诵读”、“周末故事会”、“书刊介绍”和“业界动态”。

@国家图书馆

#每日经典诵读##格言#井不达泉，则犹不掘也；一步未至，则犹不往也。——（晋）葛洪《抱朴子》；译文：挖井没挖到泉水，如同没挖一样；只差一步却没走到目的地，如同没走一样。

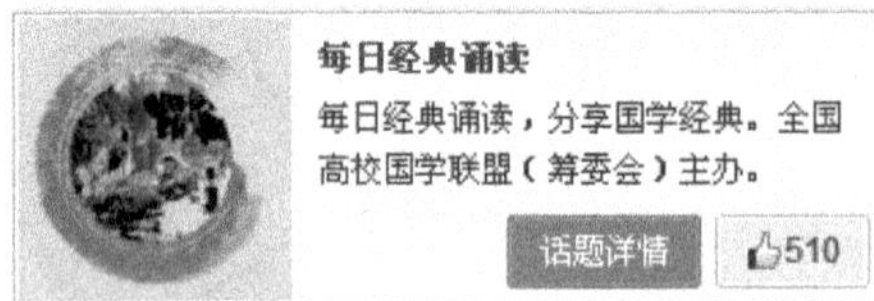

今天 09:00 来自微博 weibo.com　　(7) | 转发(15) | 收藏 | 评论(2)

#国家图书馆文津图书奖#历届推荐图书名单

序号	书名	作者	出版社	届次
1	百年冷暖——20世纪中国知识分子生活状况	马嘶著	北京图书馆出版社	第一届
2	柏拉图全集（共四册）	(古希腊)柏拉图(Platon)著；王晓朝译	人民出版社	第一届
3	比我老的老头	黄永玉	作家出版社	第一届
4	玻璃的世界	(英)艾伦·麦克法兰(Alan Macfarlane)，(英)格里·马丁(Gerry Martin)著；管可秾译	商务印书馆	第一届
5	从√2谈起：张景中院士献给中学生的礼物：最新版（中国科普名家名作丛书）	张景中著	中国少年儿童出版社	第一届
6	费曼讲物理，入门（走近费曼丛书）	(美)R.P.费曼(Richard P.Feynman)著；秦克诚译	湖南科学技术出版社	第一届
7	果壳中的宇宙	[英]史蒂芬·霍金(Stephen Hawking)	湖南科学技术	第一届

4月20日 13:01 来自微博 weibo.com　　(222) | 转发(1268) | 收藏 | 评论(70)

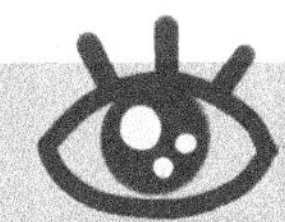

@国图少儿馆

#周末故事会#有这样一本书，即使没有文字，也能带来美好故事，带来无尽的想象力。本期我们分享无字书《在远方 书屋》。北极熊和朋友们在书屋中欢聚，四季不断更替，虽然朋友将要离去，心中却拥有永远美好的回忆。

3月2日 14:53 来自三星Galaxy SIII | 举报 (2) | 转发(12) | 收藏 | 评论(3)

#服务导航#报纸生日礼品：读者可从19世纪末至今任何一天的报纸中选取与出生日或纪念日相符的报纸，或依本人爱好需求选择出生地和纪念地的地区报纸，有些甚至可以找到国内外某地小报，经感光制版、水晶镀膜、铜板雕刻等技术，配上祝福语或照片，为读者制作成精美礼品。

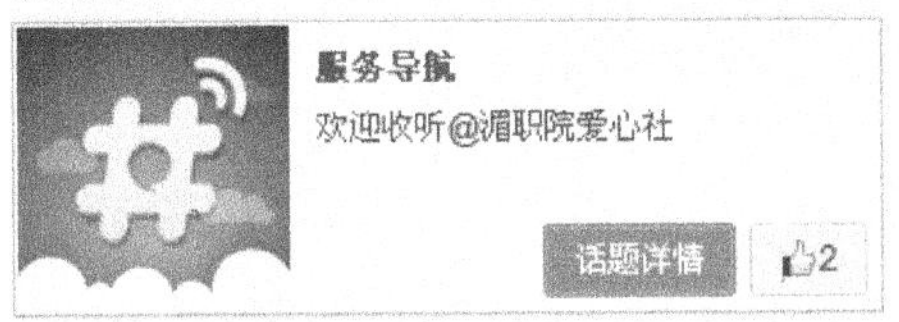

2013-11-6 15:31 来自专业版微博 (2) | 转发(2) | 收藏 | 评论(5)

二、上海图书馆信使

上海图书馆信使创建于2010年7月，是国内公共图书馆最早开通微博的图书馆，最初由个人进行维护，以书籍的推介及活动预告等为主。2012年6月上海图书馆读者服务中心成立了微博运营团队，栏目的设置日趋规范化、系统化。上海图书馆现设有十个栏目，按主题内容大致分为：1. 馆藏资源的推介。包括市民数字阅读、新书到、书海撷英；2. 馆所动态。包括创·新空间、

我在上图；3. 业界动态。包括触类旁通、文化传承、城市记忆、上海闲话；4. 人生感悟。包括晨读上图、晚安上图。

上海图书馆信使博文量与转评量均居全国公共图书馆微博的前列，是公共图书馆最有影响力的微博之一。

2013 年上海图书馆信使微博服务典型案例

1. 民国结婚启事——上海图书馆信使

2013 年 1 月 14 日，网友“@ 王幼飞在天上”在新浪发布微博，为他外公外婆寻找当年的结婚启事，这条微博得到了 13225 次的转发，众多网友都希望这份报纸能够尽快找到，以圆老人的心愿。“@ 上海图书馆信使”仅用一天时间，就找到了原文，这是上海图书馆首次以微博这种形式，来帮助读者寻找需要的资料。上海东方网对此做了报道，“上海图书馆的工作人员给力”、“太感人了这”……网友纷纷在找到结婚启事的这条微博下留言。

上海图书馆吴建中馆长在他的“建中读书”博客中评价其服务意义有三点：一、“为人找信息”是图书馆员的责任；二、能否找到信息，是对图书馆工作的检验；三、微博等社交媒体为实现这一服务提供了工具。这是图书馆首次利用微博开展咨询服务的成功案例。

外公外婆结婚66年，如今外婆病重。总以为失去过什么人，现在才明白也许这次外公真的要失去外婆了。想在春节前为外公找到一张当年他们结婚时的登报启示，报纸是《和平日报》上海版，1946年11月3日或4日，报头下方就是他们的启示。外公蒋建康，外婆卢敬修。多谢。@吴念真老先生 @你好台湾网

2013-1-14 11:33 来自微博 weibo.com | 举报 (218) | 转发(13225) | 收藏 | 评论(2293)

@上海头条播报

【寻找一份上海老报纸】@王幼飞走在天上：外公外婆结婚66年，如今外婆病重，才明白也许这次外公真的要失去外婆了。想在春节前为外公找到一张当年他们结婚时的登报启示，报纸是《和平日报》上海版，1946年11月3日或4日，报头下方就是他们的启示。外公蒋建康，外婆卢敬修。多谢。[转] tks@上海热门

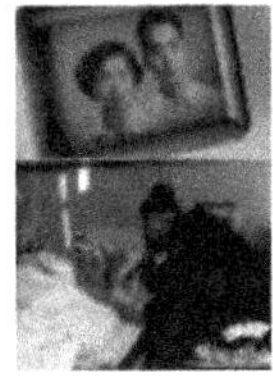

2013-1-15 11:13 来自Weico iPhone (3) | 转发(471) | 评论(60)

右边太强了！！！查到了，是农历！！！bo主等下我们馆员会联系您。//@360度的圆_zzx: 阴历？阳历？//@上海图书馆信使:上海版《和平日报》查了，1946年11月3—4号的都没有查到。日期是否有误啊？

> **@王幼飞走在天上**
>
> 外公外婆结婚66年，如今外婆病重。总以为失去过什么人，现在才明白也许这次外公真的要失去外婆了。想在春节前为外公找到一张当年他们结婚时的登报启示，报纸是《和平日报》上海版，1946年11月3日或4日，报头下方就是他们的启示。外公蒋建康，外婆卢敬修。多谢。@吴念真老先生 @你好台湾网
>
> 
>
> 2013-1-14 11:33 来自微博 weibo.com　　(216) | 转发(13306) | 评论(2291)

2013-1-15 10:48 来自专业版微博　　(1) | 转发(61) | 收藏 | 评论(29)

终于找到了！祝福两位老人 @王幼飞走在天上；@上海全攻略；@News上海

結婚啓事

2013-1-15 11:06 来自专业版微博　　(26) | 转发(516) | 收藏 | 评论(343)

感谢各位网友这么多天来对信使和#民国结婚启事#的关心，昨天下午，我们已经顺利把1946年11月26日上海版《和平日报》的仿真复制件交到了@王幼飞走在天上 的手上，也了却了原博主的一份共心愿，今天不是什么特别的日子，但祝天下有情人能珍惜当下的幸福。大家的鼓励是信使继续为读者找信息的动力。

民国结婚启事

1月14日，网友@王幼飞走在天上 发微博称，外公外婆结婚66年，如今外

话题详情

2013-1-21 11:37 来自专业版微博 (3) | 转发(3) | 收藏 | 评论(3)

#继续寻找外公外婆结婚启示的旧报纸#图书馆只能为读者提供复制版的《和平时报》，bo主希望能找到报纸原件做纪念，请大家继续帮转找能提供1946年11月26日的上海版《和平日报》的收藏者，完成bo主的心愿@上海头条播报; @每日上海; @新闻晨报; @新周刊; @乐活上海滩; @新浪上海; @每日上海；@STV新闻夜线

@王幼飞走在天上

想为家人找一份纪念，却得到这样多人的力量。因为你们的帮助 @上海图书馆信使 已经找到报纸并发了图片，是46年11月26日，农历3号的报纸，感谢你们！现在希望尽可能寻找一份当年的原版报纸，很多人也给了我建议，谢谢你！

2013-1-15 16:19 来自微博 weibo.com (28) | 转发(41) | 评论(45)

2013-1-15 21:43 来自微博 weibo.com | 转发(14) | 收藏 | 评论(22)

2. 为了宣传、推广市民数字阅读网站，让更多的读者知晓数字阅读，上海图书馆信使在微博上举办“激情夏日·绿色阅读”有奖转发活动，活动期间粉丝数5天之内从13000多增长到309000多，微博转评量达40多万，创公共图书馆微博转发评量新高。

#激情夏日•绿色阅读#炎炎夏日,足不出户,轻点鼠标,畅游知识海洋,感受阵阵清凉。市民数字阅读（e.library.sh.cn）为大家带来百万图书、万种期刊以及近千种报纸。关注"上海图书馆信使"并转发@三位好友@一家图书馆，就有机会赢取7寸平板。各位还不快点行动？
http://t.cn/zQcqSjT

2013-7-22 00:15　来自微活动-激情夏日•...　　赞(3) | 转发(220975) | 收藏 | 评论(173796)

3．上海图书馆信使设置“城市记忆”、“上海闲话”等极具地方特色栏目，向粉丝介绍上海老建筑、民俗、沪语、本帮菜等地域文化。

#上海闲话#明天大年初五是财神日，昔日上海人要买活鲜鲤鱼"接财神"，因"鲤鱼"和"利余"谐音，而且人们给活鲤鱼穿上丝绳，头尾翘起，就如同一个大元宝。"初五接财神，有接无送"，这"元宝鱼"要到初六天明时，或放生黄浦江，活放生城隍庙九曲桥荷花池中。

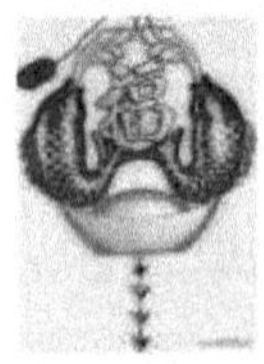

2月3日 18:10　来自皮皮时光机　　赞(4) | 转发(214) | 收藏 | 评论(68)

#城市记忆# 长乐路570弄 为十二幢花园洋房，分为西班牙式、独立式和双毗连式三种。为纪念法国军官蒲石（Rue Bourgeat）被称为"蒲园"。由中国第一代女建筑师张玉泉设计。当时还在申报上登出过销售广告，刚建成就被抢购一空。《霜傲集：中国第一代女建筑师张玉泉诗词书画选》 http://t.cn/RPpW72w

8月14日 18:02 来自皮皮时光机 | 转发(10) | 收藏 | 评论(2)

4. 读者互动交流

回复@平原上的登山客-SC:赞 //@平原上的登山客-SC:一座图书馆，一座城市的地标，也是人类文化世界的避难所。//@上海图书馆信使：大家也说说对图书馆的感受吧。信使这儿还有20个漂亮徽章。到时候抽取20名分享者送出。

@图有其表

#图有其书图#今年4月13-19日，也就是本周为美国的National Library Week，他们做了一个活动，让读者说出对图书馆的感受。第一位老者写着"libraries show us the past, and give us a future"，也就是图书馆帮助我们观往知来的意思。图书馆真是一个国家阅读的风向标。

4月16日 00:49 来自微博 weibo.com (14) | 转发(187) | 评论(30)

4月16日 09:24 来自微博 weibo.com (2) | 转发(2) | 收藏 | 评论(1)

三、首都图书馆

2010 年 10 月首都图书馆在新浪平台上开通微博服务，是全国第三个开通微博服务的公共图书馆。微博内容以信息推送为主，首图官方微博先后开设以下栏目：（1）首图讲坛；（2）北京换书大集；（3）豆瓣同城北京活动；（4）心阅书香。

首都图书馆最具影响力的微博栏目是“首图讲坛”和“北京换书大集”。

1.“北京换书大集”是由首都图书馆联盟主办，首都图书馆承办、公共图书馆、科研院所图书馆和高校图书馆共同参与的一项文化活动。活动主题“分享阅读，交换快乐”，号召市民“盘活”手中藏书，让家中闲置好书、好刊“走”起来，与其他市民进行交换阅读，分享阅读的收获和乐趣。自 2011 年创办以来，至今连续举办四届，“北京换书大集”已成为首都图书馆联盟的品牌文化活动。

#北京换书大集#启动啦！今天开始，大家可以把闲置书刊送到首图和北京市23家区县图书馆并获得换书（刊）券啦！4月21日，将在首图举办换书大集，今年将有近年文津图书奖获奖作品供大家交换，更有10多家出版社为大家提供全新书籍！详情见http://t.cn/zOKW9VY（360浏览器请用兼容模式浏览）

2012-4-6 09:44 来自专业版微博 | 转发(1006) | 收藏 | 评论(251)

你最期待的第三届#北京换书大集#开始啦！4月3日起开馆时间内，大家可带着闲置书刊前往首图、北京各区县图书馆、中科院图书馆、北大图书馆（对内）、外经贸大学图书馆先期获得换书券，4月19~20日两天换书日，更有主会场+12家分会场同时开集(主分会场不通换)。我们知道，你和你的书已迫不及待，快来吧！

2013-4-2 11:50 来自专业版微博 (4) | 转发(485) | 收藏 | 评论(111)

#转发有奖#一年一度的换书大集又开始啦，"分享阅读 交换快乐"， 2014年5月12日~5月18日期间，符合以下条件的网友中即有可能获得首图限量小礼品。1、关注@首都图书馆 2、转发本微博并@三位好友。你手中的闲置书，在我眼里如获至宝。第四届#北京换书大集#走起！详情戳海报或关注本微博的消息。

5月12日 16:14 来自微博 weibo.com (5) | 转发(133) | 收藏 | 评论(63)

#北京换书大集#图书馆致力推动社会阅读，纸质阅读、数字阅读应并行不悖，但纸质阅读是我们真心坚守的境地！抚摸纸面的触感和温暖是直达心底的。谢谢@曹作兰 老师的支持！《他们那样有气质，他们那样快乐》(来自 @头条博客) http://t.cn/zTJIJVH

2013-4-21 22:21 来自手机新浪网 (2) | 转发(17) | 收藏 | 评论(5)

#首图讲坛#讲座："整理千年衣柜-沈从文的<<中国古代服饰研究>>是如何写成的" 沈从文先生助手李之檀先生讲到，沈先生对民间工艺品充满了兴趣与热爱…李之檀先生准备的演讲资料足有1厘米厚，文字上方还贴了不同颜色的小纸条，以对内容进行补充和修改…

2012-7-21 15:03 来自iPhone客户端 | 转发(12) | 收藏 | 评论(8)

特别的相聚，用心阅读聆听，分享彼此感动//@北京市劲松第四中学：很高兴小编也是此次活动中的一名志愿者，第一次为盲人朋友们服务，很是紧张，但看到他们那么认真专注的听着我们朗读的小说，临别前紧紧握着我们的手说谢谢的时候，我真的觉得很幸福，我是"心阅书香"文化志愿者，我骄傲！

@首都图书馆 V

#心阅书香#盲人有声阅读沙龙刚刚结束。来自丰台区的三十余名盲人朋友聆听了由北京电视台主持人#文文#女士和六位首图文化志愿者朗读的文章《谁来陪我吃早餐》。互动环节中回答问题正确的盲人得到了#首图讲坛#的讲座光碟以及可爱的卡通镜框和书包。#心阅书香#每月两期，欢迎盲人朋友到此分享阅读之乐！

2013-6-2 17:01 来自专业版微博 | 转发(25) | 评论(4)

2013-6-3 16:47 来自专业版微博 | 转发 | 收藏 | 评论(1)

四、杭州图书馆

杭州图书馆于2010年12月、2011年1月分别在新浪、腾讯微博平台开通服务，两个平台发布内容相同，截止到2013年年底，粉丝数为2.3万（新浪）。2011年1月19日，杭州图书馆褚树青馆长一条微博引起网民关注，成为当年文化热点。杭州图书馆对所有读者免费开放，因此就有乞丐和拾荒者进门阅览。有人无法接受，找到褚馆长，说允许乞丐和拾荒者进馆，是对其他读者的不尊重。褚树青回答："我无权拒绝他们入内读书，但您有权利选择离开。"这条微博在网上疯狂发酵，被转发15000多次，评论3873条，中央电视台"新闻1+1"栏目对此进行了报道。杭州图书馆"不拒乞丐"的做法引发社会的好评。

2013年杭州图书馆微博话题共计70多个，常设栏目有：好书推荐、文澜大讲坛、书评随笔、活动预告、世界图书馆之旅、生活主题分馆、借阅排行榜等。杭州图书馆重视微博品牌建立，开展形式多样线上活动，如有奖转发、微访谈、微征集等，读者活动丰富多彩，成为微博活动最多的公共图书馆。

1. 微笑征集令

照片征集活动火热进行中~~参与方式：#微笑征集令#+文字配图，一定要记得关注并@杭州图书馆 @网易云阅读 @宋城千古情，才有机会获得千元旅游大奖和景点门票哦~照片上传地址：http://t.cn/zROVopk转发本条微博也有机会获奖哦

@杭州图书馆 V

#微笑征集令#喜欢旅游的筒子们，福利来啦！活动期间，在杭州拍下你在任意景区内的笑脸照片，就有机会获得千元大奖，仅仅转发活动并@三位好友 也有机会赢得奖品，筒子们还在等什么，快来秀出你的微笑吧！@网易云阅读@宋城千古情 地址：http://t.cn/zROVopk

2013-11-6 12:00 来自微活动-【晒微笑... (3) | 转发(100) | 评论(18)

2013-11-22 20:01 来自皮皮时光机 | 举报 | 转发(4) | 收藏 | 评论

2. 生活主题馆

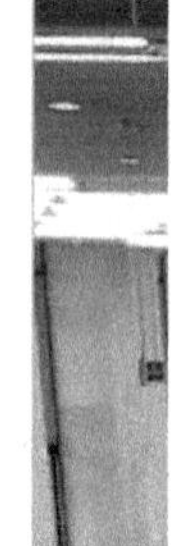

【教你制作几道节日家宴冷盘——#生活主题分馆#"舌尖之旅"美食体验活动报道】12月14日晚上，生活主题分馆最受欢迎的活动之一"舌尖之旅"美食系列活动就请到了美食达人莫老师，教大家制作三道家宴冷盘：醋腌萝卜、芝麻牛排和山药泥三文鱼配番茄冷汁。http://t.cn/8kQ33ca

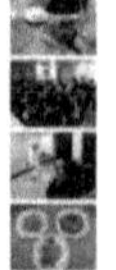

2013-12-24 20:17 来自VDong社交管理 | 转发(1) | 收藏 | 评论(1)

#杭图送书#福利来啦！第一期：关注@杭州图书馆，并【转发本条微博+书名】，就有机会获得9本书的这一本，4月28日-5月4日，共计10个名额；其余再抽选15个小伙伴，送出@天翼阅读 500阅点，还等什么，快来告诉主页菌，你想要什么书！好书就送给爱书的你~让我们一起来爱阅读，爱生活！

4月28日 15:11 来自微博 weibo.com (8) | 转发(305) | 收藏 | 评论(184)

3. 世界图书馆之旅

#世界图书馆之旅#【够酷够"书香气" 美国堪萨斯图书馆】有没有想过有一天，手中的一本书会屹立于天地之间呢？美国堪萨斯城公共图书馆 的停车场就将书本放到了建筑台面，用22本古典文学撑起了一片天，怎么样，现在就来看看这个被称为"美国最酷"的图书馆吧。点击进入http://t.cn/zlLcrdx

@寰球旅游

美国最酷的图书馆——堪萨斯城公共图书馆，停车场由22本古典文学的书脊作为墙面，书与书之间夹着金属楼梯井。喜欢这浓浓的"书香气"吗？@寰球旅游

2013-3-20 10:22 来自精彩微客 (7) | 转发(116) | 评论(28)

2013-3-20 10:56 来自微博 weibo.com (2) | 转发(15) | 收藏 | 评论(5)

#学雷锋#【图书馆里"学雷锋"的10件小事】"学雷锋"从身边的小事做起，在图书馆里同样可以！①按时归还图书②时刻保持安静③手机静音或震动④不吃有气味的食物⑤图书翻阅及时归位⑥不吸烟、不使用明火⑦保持清洁、卫生⑧不破坏公共财物⑨不用物品抢占座位⑩随手关灯，节约能源，详情猛戳↓↓

3月5日 15:16 来自VDong社交管理 (2) | 转发(40) | 收藏 | 评论(9)

第六章　公共图书馆微博服务成绩、问题与建议

一、公共图书馆微博取得的成绩

1. 宣传推广工作得到提升，品牌效应彰显

各馆通过微博平台，宣传各自的特色服务，传递服务理念，在粉丝中树立起了极具影响力的服务品牌。如首都馆“首图讲坛”、上海图书馆信使“新书到”、国家图书馆“每日经典阅读”、国图少儿馆“周末故事会”等，都有众多粉丝。

2. 创新服务异彩纷呈，图书馆的关注度提升

各馆利用微博互动平台受众面广、参与方式便捷等有利条件，积极拓展服务项目，创新服务内容，在为大众提供了丰富多彩的精神文化生活的同时，也迅速聚焦了大众的关注。如湖南馆“写书评，赢好礼”、首都馆“北京换书大集”、杭州图书馆的“微笑征集令”等活动吸引大批网民参与转评，提升了图书馆的关注度和影响力。

3. 业界交流便捷直观，促进事业共同发展

各馆利用微博平台向业界图文并茂地展示了各自工作的开展近况，便于其他馆借鉴学习，业内学习交流的渠道变得更便捷、更畅达。例如：新疆图书馆“让爱凝聚送您回家”利用电子阅览室为网络订购的群众服务；武汉“书香地铁”拟在地铁沿线站点安装25台自助图书馆。在这种相互促进、相互学习的氛围内，促进公共图书馆事业发展。

二、公共图书馆微博存在的问题

1. 地域分布不平衡

开展对新浪、腾讯微博平台的公共图书馆微博统计分析发现，副省级以上公共图书馆有46个，开通微博的有33个，占71.73%，绝大部分省级公共图书馆开通了官方微博。2012年北京、上海、杭州、新疆等地微博影响力比较大。2013年重庆、黑龙江、湖南、河南等地微博后来居上。公共图书馆除官方微博之外，国家图书馆、上海图书馆等多家图书馆的对外部门也注册认证的部门微博，通过微博宣传、推荐馆藏资源、特色服务及读者活动，其中最具影响力的部门微博是上海图书馆读者服务中心认证“上海图书馆信使”。从区域分布上看，华东地区公共图书馆微博数量居全国第一。公共图书馆微博数量有扩容的空间，尤其是基层图书馆和服务部门借助微博这一新兴的服务平台，为读者提供高

效便捷服务的空间有待开发。

2. 信息发布时效性不足

由于公共图书馆微博开设得比较晚，没有形成良好的运行机制，尚未掌握发布策略和技巧，存在发布无规律、不及时，数周不发一条，或数小时内连发多条等情况，有的微博甚至成为“空壳微博”。监测微博中有 24 个图书馆登录频次每天不足一次，更新速度较慢。

3. 微博内容定位模糊

部分图书馆微博未充分考虑受众群体年轻化和个性化的特点，定位不够准确，内容表述乏味，语言不够“轻松、活泼”，有的话题设置过于随意，话题发布 3 条以下的有 302 个，难以吸引网民的关注。

4. 缺乏有效交流互动

图书馆微博以单项信息发布为主，缺乏信息回应和互动交流。在促进阅读推广、个性化服务等方面存在不足。图书馆微博 @ 功能使用不普遍，微博传播范围有一定局限性。从被转发、评论来看，一年内发表评论数在 100 条以下的微博有 5 个，其中 2 个一年内未曾发表评论。及时回复“评论”是图书馆实现与读者互动最直接有效的方式，然而有的图书馆没有重视此功能的使用，微博互动性减弱。

5. 运行缺乏制度保障

图书馆微博有助于提高公共图书馆服务能力，拓展服务领域，促进公共文化服务均等化建设。目前，我国公共图书馆微博的制度化建设缺乏有序化、规范化。有的微博追求粉丝数量，不注重内容的建设，有的成为工作人员个人信息表达平台，而不是图书馆的信息发布……这些不利于图书馆微博的长远发展。图书馆微博不仅仅靠工作人员的热情，更多的是需要建立一系列制度和规范标准，才能使图书馆微博服务走得更远。

三、完善公共图书馆微博服务建议

1. 重视公共图书馆微博的规范化

建立微博发布的管理机制和内容的规范标准，设立专门部门或团队负责打理微博，通过制度保障公共图书馆微博权威性、规范性，形成网上听意见、汇需求、聚人气的长效机制。

2. 加强图书馆微博互动功能

互动是微博推广的重要环节，通过及时、充分的信息交流提高互动性。图书馆微博互动需要创新互动形式，增加互动内容，多途径与用户互动，如上海图书馆信使“激情夏日绿色阅读”、湖南省馆“写书评，赢好礼”，山东省馆“阅读照亮梦想——有奖荐书”等，通过奖励方式鼓励“粉丝”转发、评论微博，吸引

粉丝参与讨论。另外，调整微博的发布时间，将信息放到用户在线量相对较多时段发布，以便在信息交流时间上与用户形成契合，提高用户的参与程度，形成良好的互动与交流。

3. 提高图书馆微博的质量

微博提供了图书馆与读者直接对话的平台，微博发布应尽量避免掺杂个人信息，注重微博信息的内容更新与话题选择，话题要在分析用户关注重点、社会热点、服务亮点的基础上设立，话题名称最好统一规范。加强微博参考咨询服务，目前发布的微博绝大部分是读者活动、讲座、通知通告类信息，利用微博开展个性化服务的图书馆较少。

4. 提升公共图书馆微博服务功能

服务性功能是微博的基本功能之一。图书馆微博可以积极收集关于推进服务性功能的意见、建议、需求，为读者提供更为便捷、个性化服务，解决读者的实际问题。另外，图书馆微博还可以加强图书馆与图书馆之间、图书馆与馆员之间的联系与互动，形成合力，在创新服务、阅读推广等方面发挥更大的作用。

参考文献

[1] 中国互联网信息中心，中国互联网发展情况统计报告 [R]. 北京：中国互联网信息中心，2014 年 1 月

[2] 山东省图书馆，全国公共图书馆微博监测月报 [R]. 济南：山东省图书馆，2012—2013 年

[3] 上海交通大学舆情研究实验室，2011 年中国政务微博报告 [J]. 新闻界，2012(5)，47—53

[4] 周志峰 . 我国公共图书馆微博信息服务分析 [J]. 公共图书馆，2013(2)，63—68

[5] 杨玫 . 公共图书馆微博推广实证研究 [J]. 情报资料工作，2012(4),102—105

[6] 龙心 . 我国省级公共图书馆微博服务调查研究 [J]. 图书馆研究，2013(3),92—95

[7] 曾婧、刘晓景 . 公共图书馆微博宣传推广模式探讨 [J]. 山东省图书馆学刊，2013(2)，60—62

[8] 刘汝建 . 大学图书馆微博个案研究与启示 [J]. 高校图书馆作，2013(4)，24—26

[9] 黄立 . 基于微博客的图书馆信息服务研究，华中师范大学，2012

[10] 杨云飞 . 高校图书馆微博服务研究，南京航空航天大学，2012

[11] 吕俊杰 . 高校图书馆微博应用与共享研究，重庆大学经

济与工商管理学院，2013

[12] 杨洋．微博在图书馆中应用研究，西安电子科技大学，2012

[13] 李洋．我国政务微博管理研究，大连海事大学，2013

[14] 国家图书馆微博

http://weibo.com/nationallibrary

[15] 上海图书馆信使

http://weibo.com/shlibrary?topnav=1&wvr=5&topsug=1

[16] 首都图书馆

http://weibo.com/clcnbook?topnav=1&wvr=5&topsug=1

[17] 重庆图书馆

http://weibo.com/cqtsg?topnav=1&wvr=5&topsug=1

[18] 杭州图书馆

http://weibo.com/hzlib?topnav=1&wvr=5&topsug=1

[19] 上海少年儿童图书馆

http://weibo.com/u/2783572571?topnav=1&wvr=5&topsug=1

[20] 深圳图书馆

http://weibo.com/szlibrary

[21] 广州图书馆

http://weibo.com/gzlib?topnav=1&wvr=5&topsug=1

[22] 广东省立中山图书馆

http://weibo.com/gdplib?topnav=1&wvr=5&topsug=1

[23] 山东省图书馆

http://weibo.com/u/2017691781/home?wvr=5&c=spr_web_360_hao360_weibo_t001

附件一：

《全国公共图书馆微博监测月报》图书馆一览表

微博名称	头像	注册时间	2012年		2013年	
			粉丝	关注	粉丝	关注
国家图书馆	中国国家图书馆 NATIONAL LIBRARY OF CHINA	2013-5-3			157676	49
国家图书馆数字共享空间	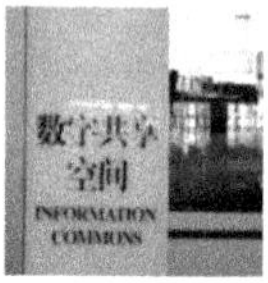	2012-4-1	646	231	1479	263
首都图书馆	100周年 首都图书馆	2010-10-26	11469	243	15942	299
黑龙江省图书馆		2011-7-26（腾讯）2011-9-20（新浪）	932	106	1731	822

图书馆介绍			联系方式		友情链接	标签
文字	图片	视频	电话	邮箱		
有	有				6	
有		有	有		9	图书馆、公益、讲座，文化、读书
有			有			

微博名称	头像	注册时间	2012 年		2013 年	
			粉丝	关注	粉丝	关注
吉林省图书馆未认证		2010-10-28	1755	292	2619	329
辽宁省图书馆未认证		2011-8-19			790	17
新疆图书馆		2011-4-20（腾讯） 2011-4-20（新浪）	20114	146	77756	155
甘肃省图书馆		2011-7-1（腾讯）	906	56	1080	56
陕西省图书馆		2011-4-23	11258	748	15809	998
重庆图书馆		2011-3-7	7804	605	22613	756

图书馆介绍			联系方式		友情链接	标签
文字	图片	视频	电话	邮箱		
有				有	1	公共、公益、文化、阅读、生活、教化、吉林、图书馆
有						辽宁生活、文艺
有	有				6	
有					1	
			有		6	
有	有		有		6	公共文化服务、图书馆、读者

微博名称	头像	注册时间	2012 年		2013 年	
			粉丝	关注	粉丝	关注
贵州省图书馆		2011−3−23	5277	439	231439	89
云南省图书馆		2012−10−15（腾讯）			239	5
冀图咨信		2011−08−23	108	11	722	324
山东省图书馆		2011−8−18			2735	514
河南省图书馆		2011−8−05	2444	186	3478	225
安徽省图书馆		2012−8−17	284	58	1050	110
南京图书馆		2014−1−2	233	22	104	23

图书馆介绍			联系方式		友情链接	标签
文字	图片	视频	电话	邮箱		
有			有	有	2	书
					1	图书，看书，数字，微博控，文艺青年
有						
					1	
有			有	有	1	
有	有					南京生活

微博名称	头像	注册时间	2012 年		2013 年	
			粉丝	关注	粉丝	关注
浙江图书馆		2011-4-14	4663	184	7089	313
上海图书馆信使		2010-7-6	8077	764	207315	847
湖南省图书馆		2012-7-27	348	72	4316	599
湖北省图书馆		2011-2-18（腾讯）	295675	68	288285	38
福建省图书馆		2013-7-10	674	614	1842	641
广东省立中山图书馆未认证		2011-4-13			3061	220

图书馆介绍			联系方式		友情链接	标签
文字	图片	视频	电话	邮箱		
有						
	有	有	有	有	4	上海图书馆、信息咨询、教育培训、音乐电影、书评影评、活动信息、讲座、文化、阅读
有			有		9	读书、公益、图书馆
有						上网，看书，湖北省图书馆
	有		有		4	
有	有				6	广东数字图书馆、广东省图书馆、中山图书馆

微博名称	头像	注册时间	2012 年		2013 年	
			粉丝	关注	粉丝	关注
海南省图书馆		2014-1-07				
哈尔滨市图书馆		2012-1-29	397	16	580	31
长春市图书馆		2012-5-28	139	60	288	63
大连图书馆		2011-5-5	1843	244	2404	266
乌鲁木齐市图书馆	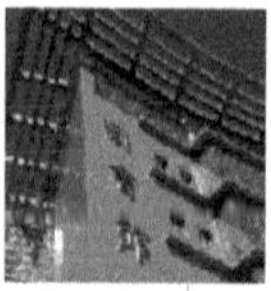	2012-2-1	1694	252	2242	321

图书馆介绍			联系方式		友情链接	标签
文字	图片	视频	电话	邮箱		
	有				1	数字图书馆、阅读、藏书、海图、图书馆
	有			有	1	
有		有	有	有	1	新闻资讯、文艺
有		有		有	1	图书馆控、白云书院、文化传播、活动信息、图书馆学、书迷、书籍、读者、讲座、图书馆
				有		乌鲁木齐市图书馆

微博名称	头像	注册时间	2012年		2013年	
			粉丝	关注	粉丝	关注
银川市图书馆	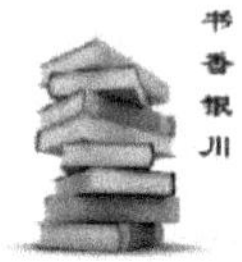	2011-9-24	1848	156	2147	169
西安图书馆		2012-6-19			2593	201
成都图书馆	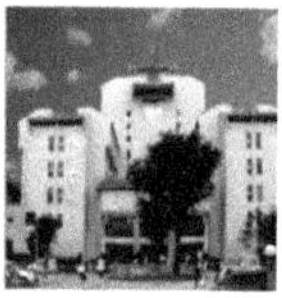	2011-2-25	44512	50	4413	1781
武汉图书馆	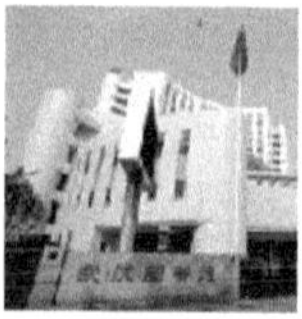	2011-1-30	2446	217	3930	231

图书馆介绍			联系方式		友情链接	标签
文字	图片	视频	电话	邮箱		
有	有	有	有	有	3	
有	有		有			书友会，地方文化，成都图书馆，图书馆，成都，文字控，公益讲座，展览，非物质文化遗产，读书
有				有		图书分享，国家珍贵古籍，武图，文化共享工程，名家论坛，文献资源，读者，图书馆，武汉图书馆

微博名称	头像	注册时间	2012 年		2013 年	
			粉丝	关注	粉丝	关注
长沙图书馆		2011-7-21	4509	269	6758	308
济南市图书馆		2012-7-30	4312	31	45432	172
青岛市图书馆		2011-7-14	2920	42	3364	40
临沂市图书馆		2011-2-24	843	67	1388	122
金陵图书馆		2011-7-7			1199	270

图书馆介绍			联系方式		友情链接	标签
文字	图片	视频	电话	邮箱		
有	有				2	
有			有			自治图书馆，济南名泉，图书馆，文化共享工程
有			有		1	
有	有	有	有	有	2	图书、文艺、教育就业、摄影、读书、图书馆、临沂
有				有		朗读者、宣传推广、期刊、图书、讲座、公益活动、图书馆、阅读

微博名称	头像	注册时间	2012 年		2013 年	
			粉丝	关注	粉丝	关注
太仓市图书馆官方		2011−7−29	6122	86	6841	128
杭州图书馆		2010−12−7	18279	551	23602	673
嘉兴市图书馆		2011−7−7	1155	239	2008	300
温州市图书馆		2011−2−13	7486	156	9431	175

图书馆介绍			联系方式		友情链接	标签
文字	图片	视频	电话	邮箱		
有	有		有	有	1	图书馆
有		有	有	有	7	图书、书单、书籍、涨知识、读书、沙龙、讲座、图书馆、学习、阅读
	有	有	有	有	5	借阅、自修、亲子活动、嘉兴、图书馆、文化
有		有	有		1	参考咨询、信息咨询、阅读、文化、温图在线、文化共享工程、籀园讲坛、温州市图书馆

微博名称	头像	注册时间	2012 年		2013 年	
			粉丝	关注	粉丝	关注
厦门市图书馆		2011-7-27	6463	99	9474	102
广州图书馆		2011-7-1			9710	222
深圳图书馆		2011-1-25	6564	305	43534	337
佛山市图书馆		2010-9-14	7265	877	8355	928

图书馆介绍			联系方式		友情链接	标签
文字	图片	视频	电话	邮箱		
	有					
有	有	有	有	有	6	讲堂、论坛、沙龙、绘本、读书会、公益、展览、讲座
有	有	有	有	有	6	深圳文献港、图书馆之城、网上预借服务、市民文化大讲堂、深圳图书馆、自助图书馆
	有		有		3	图书馆、资源、读书、文学、电影、音乐、阅读

微博名称	头像	注册时间	2012年		2013年	
			粉丝	关注	粉丝	关注
国图少儿馆		2011-2-13	4042	209	7022	220
上海少年儿童图书馆		2012-5-27	3530	69	5768	102
重图太阳花—少儿视听中心		2011-6-22			294	88
厦门少图书图		2011-8-17	3237	322	3692	355

（注：未特殊注明均来自新浪）

图书馆介绍			联系方式		友情链接	标签
文字	图片	视频	电话	邮箱		
有	有		有		1	少年儿童、读书、图书馆
有	有		有			
有	有	有	有		2	
有	有		有	有	3	

附件二：

2012 年公共图书馆微博原创、转发统计表

微博名称	一月至二月		三月		四月		五月		六月		七月	
	原创	转发	原创	转发	原创	转发	原创	转发	原创	转发	原创	转发
杭州图书馆	434	46	241	14	251	13	185	35	184	20	203	80
乌鲁木齐市图书馆											236	70
新疆图书馆	497	214	124	35	81	26	74	54	103	77	58	39
重庆图书馆	172	38	98	9	112	5	86	9	45	5	33	81
上海图书馆信使	209	0	168	6	162	0	169	0	24	0	124	0
首都图书馆	70	10	60	4	229	5	92	1	65	22	78	34
黑龙江省图书馆	140	6	126	0	71	0	92	2	35	5	30	0
成都市图书馆	204	266	130	25	149	8	130	5	42	0	32	0
陕西省图书馆	173	62	56	69	34	48	42	43	27	12	32	17
浙江图书馆	33	33	16	12	99	13	30	72	53	53	53	59

八月		九月		十月		十一月		十二月		总原创	总转发	总计
原创	转发	原创	转发	原创	转发	原创	转发	原创	转发			
150	52	174	65	164	30	180	69	272	27	2438	451	2889
294	75	448	144	262	39	261	31	248	32	1749	391	2140
89	45	72	97	49	45	65	53	62	37	1274	722	1996
71	124	138	76	83	149	63	105	64	133	965	734	1699
62	0	62	0	53	0	36	0	411	20	1480	26	1506
132	70	68	89	76	43	13	5	22	4	905	287	1192
100	0	70	2	103	1	158	0	164	0	1089	16	1105
25		18	1	18	0	12	0	22	0	782	305	1087
20	25	35	20	21	28	35	45	30	58	505	427	932
49	43	22	26	24	26	40	28	44	15	463	380	843

微博名称	一月至二月		三月		四月		五月		六月		七月	
	原创	转发	原创	转发	原创	转发	原创	转发	原创	转发	原创	转发
吉林省图书馆	107	35	41	18	33	10	48	16	41	5	29	15
深圳图书馆	48	104	66	0	52	2	36	5	39	1	45	15
佛山市图书馆											16	102
国图经典文化推广			3	2	18	4	91	0	96	8	60	73
厦门市图书馆	25	285	15	0	20	0	18	5	20	1	19	31
国图少儿馆	54	0	35	0	38	0	18	0	68	2	32	7
青岛图书馆	104	64	43	19	35	4	30	5	16	3	12	18
湖南图书馆												
山东省图书馆	38	77	8	18	8	2	25	2	29	11	39	5
嘉兴市图书馆											16	80
福建省图书馆											29	21

八月		九月		十月		十一月		十二月		总原创	总转发	总计
原创	转发	原创	转发	原创	转发	原创	转发	原创	转发			
56	23	19	36	61	38	60	42	60	18	555	256	811
30	29	24	42	35	37	25	46	25	41	425	322	747
2	56	28	74	16	72	44	62	95	102	201	468	669
54	54	35	84	1	3	12	15	11	24	381	267	648
13	1	11	0	10	0	12	0	14	0	177	323	500
33	15	50	35	30	14	23	19	19	4	400	96	496
16	4	16	4	11	0	9	4	31	33	323	158	481
		16	2	126	33	113	28	118	33	373	96	469
11	1	68	4	12	35	34	12	5	7	277	174	451
50	50	2	11	34	53	37	81	17	19	156	294	450
47	26	29	42	25	19	29	25	55	48	214	181	395

微博名称	一月至二月		三月		四月		五月		六月		七月	
	原创	转发	原创	转发	原创	转发	原创	转发	原创	转发	原创	转发
大连图书馆	84	99	31	14	24	4	16	6	0	0	0	0
长沙图书馆											48	42
贵州省图书馆	65	0	63	5	27	4	48	5	54	2	4	1
甘肃省图书馆	0	0	0	0	0	0	7	1	52	1	64	5
国家图书馆数字共享空间												
河南省图书馆	13	0	7	0	6	0	9	6	10	0	6	0
长春市图书馆												
银川市图书馆											25	0
武汉市图书馆	17	24			14	0	14	0	15	0	11	4
湖北省图书馆	7	3	4	1	3	4	2	1	0	0	7	15
安徽省图书馆	0	0	0	0	0	0	0	0	0	0	0	0

八月		九月		十月		十一月		十二月		总原创	总转发	总计
原创	转发	原创	转发	原创	转发	原创	转发	原创	转发			
		0	0	0	0	6	1	37	23	198	147	345
34	36	22	29	49	7	29	13	10	10	192	137	329
8	2	9	1	5	0	5	3	5	2	293	25	318
38	1	43	2	11	0	47	3	18	0	280	13	293
		48	6	66	5	64	7	41	51	219	69	288
9	2	7	0	14	0	141	1	24	0	246	9	255
8	17	59	88	9	21	9	8	7	3	92	137	229
21	51	20	0	12	10	3	14	1	42	82	117	199
14	3	7	2	3	1	1	4	3	1	99	39	138
21	8	24	2	0	0	17	2	2	0	87	36	123
1	5	5	2	11	15	22	20	26	8	65	50	115

微博名称	一月至二月		三月		四月		五月		六月		七月	
	原创	转发	原创	转发	原创	转发	原创	转发	原创	转发	原创	转发
国图法律参考阅览室			4	0	13	1	17	0	13	0	14	0
温州市图书馆											17	2
上海少年儿童图书馆												
厦门少图												
河北省图书馆			6	4	4	2	0	0	7	4	6	6
广东省立中山馆	8	2	11	1	11	1	11	0			3	0

八月		九月		十月		十一月		十二月		总原创	总转发	总计
原创	转发	原创	转发	原创	转发	原创	转发	原创	转发			
15	1	9	0	6	0	4	0	6	0	101	2	103
13	7	11	5	12	1	14	6	6	2	73	23	96
						34	0	43	9	77	9	86
						29	12	18	17	47	29	76
7	0	7	0	0	2	0	2	0	0	37	20	57
1	0	0	0							45	4	49

附件三：

2012 年公共图书馆微博被转发、评量统计表

微博名称	一月至二月		三月		四月		五月		六月		七月	
	被转发	评论	被转发	评论	被转发	评论	被转发	评论	被转发	评论	被转发	评论
杭州图书馆	1998	931	1138	616	983	342	395	793	709	376	595	1130
首都图书馆	327	235	502	186	2124	1094	220	553	291	197	439	901
新疆图书馆	2274	688	810	160	647	163	727	189	837	253	744	156
陕西省图书馆	1292	1705	515	612	226	612	416	278	109	190	295	124
上海图书馆信使	757	374	659	284	575	182	342	145	82	29	103	1
重庆图书馆	441	329	135	119	252	182	186	268	118	80	162	123
厦门市图书馆	0	66	71	254	289	69	50	261	74	153	424	426
国图少儿馆	35	65	231	29	119	26	473	344	136	72	128	73
深圳图书馆	3	105	112	87	135	145	60	70	106	105	72	110
国图经典文化推广			10	0	66	50	256	194	4	13	442	178

八月		九月		十月		十一月		十二月		总被转发	总评论	总计
被转发	评论	被转发	评论	被转发	评论	被转发	评论	被转发	评论			
354	846	442	988	330	1092	383	1227	371	812	7698	9153	16851
436	239	619	819	315	482	33	78	605	1823	5911	6607	12518
920	39	105	448	111	384	70	444	85	277	7330	3201	10531
151	220	217	191	217	116	439	495	676	452	4553	4995	9548
21	1	1	21	4	13	15	15	250	936	2809	2001	4810
263	160	107	195	149	284	103	206	166	284	2082	2230	4312
199	107	49	108	32	77	121	256	71	150	1380	1927	3307
176	81	128	229	60	135	108	149	75	149	1699	1352	3021
335	180	133	115	182	133	268	277	100	151	1506	1478	2984
370	92	75	322	3	4	69	230	34	64	1329	1147	2476

微博名称	一月至二月		三月		四月		五月		六月		七月	
	被转发	评论	被转发	评论	被转发	评论	被转发	评论	被转发	评论	被转发	评论
成都市图书馆	19	211	117	276	362	87	100	316	74	37	68	7
浙江图书馆	48	39	38	19	92	54	61	179	145	82	89	39
乌鲁木齐市图书馆											437	44
佛山市图书馆											176	126
长沙图书馆											161	101
湖北省图书馆	47	7	26	9	31	4	16	6	0	0	75	49
福建省图书馆											48	76
贵州省图书馆	352	65	66	32	43	11	44	72	12	40	5	1
嘉兴市图书馆											78	64
温州市图书馆											51	42
黑龙江省图书馆	33	32	75	18	40	9	69	25	18	13	10	1
大连图书馆	3	98	52	63	35	35	25	11	0	0	0	0

八月		九月		十月		十一月		十二月		总被转发	总评论	总计
被转发	评论	被转发	评论	被转发	评论	被转发	评论	被转发	评论			
37	10	3	36	24	46	13	13	45	22	862	1061	1923
152	55	51	96	34	135	42	196	64	131	816	1025	1841
366	39	35	195	19	108	25	245	16	244	898	875	1773
81	56	107	14	108	131	105	163	217	362	794	852	1646
46	53	65	106	63	443	45	129	31	62	411	894	1305
114	38	14	30	0	0	330	330	39	11	692	484	1176
51	46	54	153	41	96	39	58	127	299	360	728	1088
5	5	13	105	2	15	10	21	5	14	557	381	938
114	140	3	8	45	63	82	138	29	26	351	439	790
77	80	36	59	125	17	50	55	13	17	352	270	622
12	7	3	12	9	40	13	56	7	13	289	226	515
15	24	0	0	0	0	4	14	36	43	170	288	458

微博名称	一月至二月		三月		四月		五月		六月		七月	
	被转发	评论	被转发	评论	被转发	评论	被转发	评论	被转发	评论	被转发	评论
吉林省图书馆	24	19	20	16	19	22	16	21	5	15	16	8
山东省图书馆	49	37	18	4	25	36	3	5	26	7	42	12
青岛图书馆	9	83	4	19	24	7	24	10	20	13	15	17
上海少年儿童图书馆												
武汉市图书馆	1	15			24	13	3	25	16	22	9	18
国图法律参考阅览室			7	4	3	2	2	2	116	96	6	6
安徽省图书馆	0	0	0	0	0	0	0	0	0	0	0	0
河南省图书馆	1	4	0	0	0	0	0	2	2	1	2	1
厦门少图												
广东省立中山图书馆	22	18	33	18	33	18	23	6			1	2
甘肃省图书馆	0	0	0	0	0	0	2	1	9	11	62	5
湖南图书馆												

八月		九月		十月		十一月		十二月		总被转发	总评论	总计
被转发	评论	被转发	评论	被转发	评论	被转发	评论	被转发	评论			
3	13	14	28	23	35	20	45	16	35	176	257	433
5	5	41	41	6	22	10	14	5	6	230	189	419
7	8	8	7	3	3	13	9	34	70	161	246	407
						32	106	64	124	96	230	326
47	26	36	23	6	3	9	11	5	13	156	169	325
6	4	2	2	0	8	3	17	5	0	150	141	291
1	0	12	17	22	35	35	29	39	32	109	113	222
4	3	6	2	19	19	61	61	17	9	112	102	214
						44	51	50	45	94	96	190
3	4	0	0							115	66	181
4	0	1	7	7	7	21	21	7	2	113	54	167
		6	19	6	12	24	37	26	29	62	97	159

微博名称	一月至二月		三月		四月		五月		六月		七月	
	被转发	评论	被转发	评论	被转发	评论	被转发	评论	被转发	评论	被转发	评论
国家图书馆数字共享空间												
银川市图书馆											13	18
太仓市图书馆												
哈尔滨市图书馆	1	4			10	27	3	5	0	4	0	1
长春市图书馆												
济南图书馆												
临沂市图书馆												

八月		九月		十月		十一月		十二月		总被转发	总评论	总计
被转发	评论	被转发	评论	被转发	评论	被转发	评论	被转发	评论			
		0	17	8	8	15	33	20	42	43	100	143
22	12	3	12	3	21	2	2	0	6	43	71	114
						12	25	22	19	34	44	78
0	0	0	1	0	3	0	11	3	0	17	56	73
		11	10	3	2	4	12	5	7	23	31	54
						0	18	0	10	0	28	28
						1	13	1	9	2	22	24

附件四：

2013年微博发布量统计表

微博名称	一月	二月	三月	四月	五月
乌鲁木齐市图书馆	383	437	517	398	660
上海图书馆信使	394	353	369	405	362
重庆图书馆	287	314	302	230	209
黑龙江省图书馆	152	145	146	210	231
湖南图书馆	100	156	222	222	164
河南省图书馆	609	258	190	152	145
杭州图书馆	185	249	216	238	114
佛山市图书馆	207	157	156	267	184
上海少年儿童图书馆	98	82	114	264	176
国家图书馆					
新疆图书馆	103	73	57	90	178
深圳图书馆	47	32	72	82	81
太仓市图书馆	30	23	32	73	104
嘉兴市图书馆	72	68	87	108	103

六月	七月	八月	九月	十月	十一月	十二月	总计
1219	791	760	415	42	17	16	5655
345	394	428	415	388	391	323	4567
372	419	373	329	310	245	369	3759
245	377	351	330	346	293	332	3158
180	288	221	246	242	303	331	2675
79	222	121	128	110	122	168	2304
120	158	187	216	186	170	177	2216
113	135	54	0	59	89	64	1485
126	154	101	69	67	59	71	1381
		216	269	224	222	228	1159
138	90	83	77	56	40	44	1029
89	93	61	94	126	123	99	999
98	110	158	124	101	64	67	984
66	67	96	49	41	57	85	899

微博名称	一月	二月	三月	四月	五月
陕西省图书馆	71	57	62	113	104
浙江图书馆	55	39	69	57	114
福建省图书馆	71	78	59	90	112
国家图书馆数字共享空间	57	21	39	44	65
首都图书馆	17	22	30	145	67
温州市图书馆	43	52	61	73	55
国图少儿馆	45	46	51	73	51
临沂市图书馆	29	36	32	23	45
吉林省图书馆	99	46	53	60	70
长沙图书馆	14	26	24	32	49
成都图书馆	16	10	8	14	8
厦门少图	37	17	38	26	29
哈尔滨市图书馆	4	1	1	24	14
安徽省图书馆	90	49	30	11	22
重图太阳花	9	3	5	26	50
山东省图书馆	44	6	7	2	1
厦门市图书馆	24	11	15	14	10

六月	七月	八月	九月	十月	十一月	十二月	总计
50	60	18	108	57	119	52	871
41	55	43	74	75	84	62	768
77	37	47	51	56	37	24	739
77	83	77	79	60	64	58	724
87	69	61	70	83	44	28	723
34	53	53	52	42	42	49	609
59	63	28	38	37	33	37	561
43	49	90	21	41	5	122	536
30	32	11	14	33	42	31	521
20	99	103	55	42	35	18	517
12	12	24	104	68	86	97	459
40	39	30	49	35	41	48	429
17	47	0	46	58	76	36	324
10	24	28	10	6	10	25	315
36	26	17	18	26	41	38	295
4	2	11	12	59	6	134	288
6	23	22	32	34	37	57	285

微博名称	一月	二月	三月	四月	五月
济南市图书馆	51	21	34	56	26
银川市图书馆	34	15	44	37	16
贵州省图书馆	4	35	9	16	16
青岛市图书馆	37	14	28	17	6
广州图书馆					
湖北省图书馆	0	19	22	33	18
辽宁省图书馆					9
大连图书馆	19	11	1	2	31
武汉图书馆	5	17	8	14	9
云南省图书馆					
国图经典文化推广	22	9	21	14	12
甘肃省图书馆	39	41	13	0	0
长春市图书馆	15	3	6	0	2
东莞图书馆	0	0	0	0	8
广东省立中山图书馆					
河北省图书馆	2	0	1	7	16
西安图书馆					
金陵图书馆					

六月	七月	八月	九月	十月	十一月	十二月	总计
15	15	24	9	7	5	9	272
11	15	7	7	6	9	14	215
8	37	17	4	38	6	22	212
13	18	24	7	8	7	6	185
						170	170
4	11	4	6	14	7	8	146
32	20	14	22	12	21	9	139
5	33	9	0	0	9	7	127
7	23	15	10	2	10	7	127
		17	25	21	18	25	106
10	6	7	2				103
0	0	0	0	0	0	0	93
0	6	6	4	4	2	6	54
10	17	0	0				35
					14	16	30
3	0						29
						23	23
					11	3	14

附件五：

2013 年公共图书馆微博被转发、评论量统计表

微博名称	一月		二月		三月		四月		五月		六月	
	被转发	评论	被转发	评论	被转发	评论	被转发	评论	被转发	评论	被转发	评论
上海图书馆信使	1660	718	1612	687	1247	390	1565	765	1360	476	1402	544
湖南图书馆	89	83	99	123	163	117	27246	10683	190	121	174	90
杭州图书馆	929	303	902	460	1211	303	1099	285	871	260	451	131
重庆图书馆	284	145	441	290	421	190	500	225	437	178	749	247
陕西省图书馆	394	322	335	345	365	436	452	458	398	398	228	120
国家图书馆												
首都图书馆	118	90	366	109	171	118	1715	713	272	163	519	181
深圳图书馆	172	128	130	135	195	157	226	191	221	166	291	199
国图少儿馆	221	112	464	337	155	130	449	174	265	181	179	96

七月		八月		九月		十月		十一月		十二月		总被转发	总评论	总计
被转发	评论	被转发	评论	被转发	评论	被转发	评论	被转发	评论	被转发	评论			
07 88	174 386	1498	621	1849	679	1731	564	1759	353	1584	418	324 855	180 601	505 456
13	100	162	42	175	102	261	101	144	74	144	116	29060	11752	40812
488	505	828	243	801	256	790	194	516	167	772	226	10658	3333	13991
88	203	500	134	574	190	729	266	401	111	728	185	6452	2364	8816
70	325	162	98	453	346	400	202	424	349	313	184	4194	3583	7777
		1049	309	1105	415	1019	324	1011	369	1139	374	5323	1791	7114
10	145	447	100	251	159	247	95	440	101	217	34	5073	2008	7081
76	240	406	302	220	218	887	348	296	149	231	127	3551	2360	5911
10	134	127	74	225	149	128	90	111	68	182	113	2916	1658	4574

微博名称	一月		二月		三月		四月		五月		六月	
	被转发	评论	被转发	评论	被转发	评论	被转发	评论	被转发	评论	被转发	评论
上海少年儿童图书馆	359	165	221	163	426	132	511	118	425	92	253	109
新疆图书馆	483	95	196	45	178	37	184	46	610	60	348	24
佛山市图书馆	420	245	280	135	272	153	378	219	278	117	161	76
山东省图书馆	43	8	4	8	5	1	6	8	0	1	19	10
厦门市图书馆	306	196	151	39	108	65	211	73	105	43	225	45
浙江图书馆	82	28	104	34	132	27	136	55	597	184	123	46
乌鲁木齐市图书馆	375	28	266	40	250	39	134	17	243	29	205	39
温州市图书馆	177	165	157	161	95	118	168	110	105	89	21	41
黑龙江省图书馆	29	13	25	12	62	29	110	36	59	36	39	37
长沙图书馆	9	9	96	74	64	42	60	35	179	67	35	26

七月		八月		九月		十月		十一月		十二月		总被转发	总评论	总计
被转发	评论	被转发	评论	被转发	评论	被转发	评论	被转发	评论	被转发	评论			
335	143	194	71	178	57	156	60	155	35	139	47	3352	1192	4544
289	40	344	29	345	20	65	173	78	18	27	1	3147	588	3735
151	62	46	23	0	0	63	66	79	42	68	60	2196	1198	3394
10	8	19	11	11	26	62	342	19	8	2143	406	2341	837	3178
268	60	80	69	144	93	191	130	135	58	186	103	2110	974	3084
152	55	102	35	188	59	104	41	448	50	135	43	2303	657	2960
122	30	248	33	90	17	62	9	24	10	26	2	2045	293	2338
117	121	77	72	98	55	42	50	28	54	89	50	1174	1086	2260
195	145	168	107	134	66	87	178	136	127	110	70	1154	856	2010
240	124	186	66	112	32	220	41	42	13	22	17	1265	546	1811

微博名称	一月		二月		三月		四月		五月		六月	
	被转发	评论	被转发	评论	被转发	评论	被转发	评论	被转发	评论	被转发	评论
福建省图书馆	46	44	70	59	87	71	111	100	90	118	74	98
嘉兴市图书馆	111	64	97	50	79	40	83	82	154	132	40	26
成都图书馆	20	4	16	4	11	4	21	26	11	9	16	19
太仓市图书馆	23	14	21	17	30	25	42	31	105	84	52	58
厦门少图	59	41	12	6	79	48	68	62	45	49	146	44
临沂市图书馆	312	43	16	20	18	14	4	3	8	9	13	6
广州图书馆												
国家图书馆数字共享空间	59	23	30	5	29	14	39	13	43	18	60	20
河南省图书馆	62	44	57	82	21	70	19	43	29	19	17	5
吉林省图书馆	44	40	10	66	19	13	22	17	59	36	16	14
武汉图书馆	159	28	18	24	18	16	28	50	24	13	8	15

七月		八月		九月		十月		十一月		十二月		总被转发	总评论	总计
被转发	评论	被转发	评论	被转发	评论	被转发	评论	被转发	评论	被转发	评论			
97	96	39	49	70	76	48	39	57	43	25	27	814	820	1634
95	78	86	70	55	27	29	25	21	19	101	45	951	658	1609
21	25	40	78	457	276	61	69	78	66	171	105	923	685	1608
47	92	232	151	109	91	43	76	67	29	42	29	813	697	1510
51	47	69	25	44	27	49	19	43	24	83	49	748	441	1189
24	23	35	13	1	3	15	8	5	1	398	124	849	267	1116
										539	323	539	323	862
66	19	33	7	24	16	39	15	79	17	33	23	534	190	724
32	15	4	0	5	2	0	5	3	9	114	2	363	296	659
13	6	7	4	4	7	45	32	77	21	32	10	348	266	614
22	30	25	14	4	4	4	3	25	15	8	6	343	218	561

贵州省图书馆	3	4	209	21	13	12	11	12	117	25	5	9
安徽省图书馆	65	68	22	32	11	14	13	17	67	36	8	11
重图太阳花	12	3	3	0	4	6	8	5	50	34	4	13
国图经典文化推广	75	15	45	9	101	31	57	25	25	10	24	7
大连图书馆	35	27	4	0	4	1	32	11	63	53	21	8
济南市图书馆	53	14	20	7	48	2	38	16	16	0	7	3
湖北省图书馆	0	0	50	25	21	26	20	35	33	18	5	6
青岛市图书馆	45	43	17	29	52	23	31	6	0	2	9	10
银川市图书馆	8	7	13	18	10	5	29	19	11	13	6	5
广东省立中山图书馆												
哈尔滨市图书馆	1	1	0	1	3	5	4	7	0	4	2	6
长春市图书馆	12	8	7	2	5	4	0	0	7	1	0	0

7	9	4	14	1	0	2	35	1	0	17	4	390	145	535
20	21	12	14	2	4	3	8	14	31	11	15	248	271	519
21	14	12	8	14	13	15	46	42	30	78	43	263	215	478
8	6	8	5	16	4							359	112	471
30	50	36	18	0	0	0	0	6	7	38	15	269	190	459
21	1	20	1	2	0	23	32	7	3	1	0	256	79	335
11	7	4	4	5	6	9	12	5	4	13	1	176	144	320
7	11	3	9	1	3	0	4	0	6	0	4	165	150	315
21	15	4	7	8	20	6	4	1	1	9	7	126	121	247
								39	9	144	19	183	28	211
9	18	0	0	8	9	12	34	18	14	5	8	62	107	169
7	2	10	10	19	1	9	0	0	1	54	1	130	30	160

微博名称	一月		二月		三月		四月		五月		六月	
	被转发	评论	被转发	评论	被转发	评论	被转发	评论	被转发	评论	被转发	评论
金陵图书馆												
西安图书馆												
甘肃省图书馆	8	4	0	1	4	4	0	0	0	0	0	0
辽宁省图书馆									0	1	0	0
云南省图书馆												
河北省图书馆	0	2	0	0	0	0	0	0	3	0	0	0

七月		八月		九月		十月		十一月		十二月		总被转发	总评论	总计
被转发	评论	被转发	评论	被转发	评论	被转发	评论	被转发	评论	被转发	评论			
								35	20	28	10	63	30	93
										39	17	39	17	56
0	0	0	0	0	0	0	0	0	0	0	0	12	9	21
0	1	0	1	2	0	3	0	2	1	2	0	9	4	13
		3	1	1	0	0	2	0	0	0	0	4	3	7
0	0											3	2	5